Hilarions himmlischer Ratgeber

D1731752

Hilarions himmlischer Ratgeber

Botschaften für jeden Tag

gechannelt
von
Ursula Scheit

ch. falk-verlag

Originalausgabe

© ch. falk-verlag, seeon 2008

Umschlaggestaltung: Ch. Riecken u. Ch. Falk

Satz: P S Design, Lindenfels
Druck: Druckerei Sonnenschein, Hersbruck
Printed in Germany
ISBN 978-3-89568-194-3

Inhalt

Affirmationen

Meditationen

Übungen

Göttliche ICH BIN-Worte

Danksagung

Ich bin voller Freude über das Erscheinen dieses meines nunmehr vierten Buches mit Worten von Meister Hilarion.
Dafür, dass dies möglich wurde, danke ich von Herzen dem Ch.Falk-Verlag, all den lieben Menschen, die mir Fragen geschickt und Hilarion über mich um Antworten gebeten haben, sowie meiner GMG-Gruppe, die mich, wie schon bei den anderen Bücher zuvor, sehr unterstützt, ermutigt und regen Anteil an seiner Entstehung genommen hat.
Auch danke ich all den unsichtbaren himmlischen Begleitern, die mich ebenfalls dabei unterstützt und geführt haben, vor allem aber Meister Hilarion aus tiefstem Herzen für seine wunderbaren Botschaften, die aus dem Licht kommen und deren Liebe, Kraft und Wirksamkeit ich bei anderen Menschen erkennen und auch immer wieder selbst spüren durfte.

Marbach, im Februar 2008

Info: Wenn du selbst Fragen an Hilarion stellen oder mir ein Feedback zum Buch geben möchtest, schreibe bitte
per E-mail an: Hilarion@Scheit.de oder Ursula@Scheit.de
per Brief an: Ursula Scheit, Schwabstr. 88, 71672 Marbach a.N.
oder besuche meine Website: www.hilarion-online.com

Vorwort
von Ursula Scheit

Dieses Buch, das du jetzt in der Hand hältst, ist aus der Liebe heraus entstanden. Es ist wie eine Schatztruhe, aus welcher du Tag für Tag eine Kostbarkeit entnehmen kannst.

Es soll dazu dienen, dir immer wieder Hilfe, Kraft, Ermutigung und Führung zu geben, wenn du vielleicht bei einem Problem nicht weiter kommst, wenn es dir nicht gutgeht, wenn du Sorgen, Zweifel, Ängste oder Schmerzen hast.

Aber es soll dir auch einfach guttun, wenn du dich wohlfühlst und Freude am Leben hast, dich auf deinem Weg bestärken und dir mehr Erkenntnis über dich selbst bringen. Es soll ein Buch sein für alle Lebenslagen und zur häufigen Benutzung.

Manche der Texte sind Auszüge aus persönlichen Antworten auf Fragen einzelner Menschen, manche sind für dieses Buch gegeben und einige kamen einfach so für die Allgemeinheit.

Nimm das Buch zur Hand, schlage es einfach an irgendeiner Stelle auf und vertraue, dass dieser aufgeschlagene Text genau *die* Botschaft enthält, die dir in dem Augenblick helfen kann und die für dich passt.

Wenn du möchtest, kannst du das Buch natürlich auch von vorne bis hinten durchlesen, doch den größten Nutzen wird es dir bringen, wenn du täglich nur *einen* Text nimmst und diesen verinnerlichst und tief im Herzen wirken lässt.

In die Texte eingestreut sind auch einige Übungen, Meditationen, Affirmationen und göttliche ICH BIN-Worte.

All diese speziellen Texte habe ich im Inhaltsverzeichnis aufgelistet, damit du sie leichter wiederfinden kannst. Auch die etwas längeren Durchsagen, die betitelt sind, findest du dort angeführt.

Wenn du bereit bist, dich ganz zu öffnen und die Liebe, die in den Worten enthalten ist, wirken zu lassen, dann kann das Buch dein Leben verändern und bereichern, es wird dich stärken und heilsam und segensreich für dich sein!

Ich wünsche dir jeden Tag Freude damit, möge es an guten wie an schlechten Tagen zu einem treuen Begleiter werden auf deinem Weg nach Hause ins Licht!

Ursula Scheit

Einleitung
von Meister Hilarion

Meine über alles geliebten, göttlichen Menschenkinder, ich grüße euch! Ich freue mich sehr, dass ihr meinen Ruf vernommen habt und nun dieses Buch in Händen haltet. Die Liebe macht es euch zum Geschenk! ICH BIN jetzt da. ICH BIN Hilarion, und ich spreche jetzt zu dir, meine Lichtschwester, mein Lichtbruder! Du hast dein Herz geöffnet, weil du bereit bist, in eine höhere Schwingung einzutreten und jetzt dein Leben auf die Liebe auszurichten. Du bist bereit, Negativität hinter dir zu lassen und mehr Licht aufzunehmen und auszustrahlen.

Bei all dem wird dir unser Buch helfen können, denn es bringt Liebe in dein Herz und Licht in deine Seele.

Nachdem ich unsere vorherigen Bücher mit der Schwingung der Wahrheit, der Heilung und der Konzentration aufgeladen habe, erfülle ich dieses Buch, wie ich es versprochen habe, mit der hohen, reinen Schwingung der bedingungslosen Liebe. So sollst du erhoben und gesegnet werden, allein schon wenn du das Buch in Händen hältst und dich öffnest. Schaue nicht so sehr mit dem Verstand, was geschrieben steht, nimm die Worte vielmehr mit dem Herzen auf und spüre die Essenz, die darin enthalten ist.

Die Essenz ist viel mehr als das, was verstanden werden kann, viel mehr als das, was du mit den Augen sehen oder mit den Ohren hören kannst.

Die Essenz ist *göttliche Liebe!*

Ihr hast du zu verdanken, dass du jetzt da bist, dass du lebst, dass es dich gibt und dass du dir dieses wunderbaren Seins auch bewusst sein kannst.

Die Liebe ist das Leben selbst.

Ohne sie wäre alles tot und hässlich. Liebe verleiht Schönheit und Leben. So soll auch dich die Liebe in meinen Worten lebendig und schön machen, dir Freude und Frieden bringen.

Mache dir klar, dass alles Gute und Schöne aus der Liebe entspringt. Wenn du liebst, setzt du deine Schöpferkraft auf wahrhaft göttliche Weise ein, denn dann erschaffst du etwas, worin sich diese Liebe widerspiegeln kann.

Mein unendlich geliebtes Lichtkind, es ist kein Zufall, dass du jetzt diese Zeilen liest, denn mit *dir* will ich sprechen. Du stehst mir ganz nahe, mit dir bin ich verbunden, dich möge die Liebesschwingung jetzt erheben und heiligen!

Meister Hilarion

Ihr seid gesegnet, meine Kinder, ist euch das bewusst?

Dieser Moment kehrt niemals wieder, und nur *jetzt* seid ihr, nur *jetzt* könnt ihr das Leben spüren, so wie es ist!

Nehmt jetzt diesen Augenblick in euch auf und genießt mit uns gemeinsam die Stille – *jetzt* ......

Nehmt das Licht auf, das wir jetzt zu euch strahlen, und seid voller Segen!

Die Liebe ist mit euch und in euch. Die Liebe ist das, was ihr seid! Jetzt und allezeit. Wir sind jetzt da, und wir alle sind wahrlich EINS!

Wahre Liebe stellt keine Forderungen.
Wahre Liebe hat keine Wünsche.
Wahre Liebe macht keine Unterschiede.
Sie verströmt sich ununterbrochen, denn das ist ihr Wesen.

*D*u befindest dich im Aufstiegsprozeß, zu dem auch Phasen gehören, in denen du dich wie abgetrennt von dir selbst fühlst. Das heißt aber nicht, dass du keine Gefühle mehr hättest oder der Liebe nicht mehr fähig wärest!

Du wirst nach jeder dunklen Phase, die du durchschritten hast, um so tieferer Liebe fähig sein, das kann ich dir versprechen.

Es ist ein Läuterungsprozess, und wichtig wäre, dass du diesen Fragen nachgehst: Wer oder was bin ich? Warum bin ich hier? Was will ich wirklich? Was ist der Sinn meines Lebens?

Jetzt ist die Zeit, alte Muster nicht länger fortzuführen und in eine höhere Energie aufzusteigen. Es ist nun möglich, alle wahrhaftigen Wünsche in die Tat umzusetzen und das zu verwirklichen, was *du willst*.

Werde dir über deine Herzenswünsche klar und gehe mutig mit ganzer Kraft und Aufmerksamkeit auf dein Ziel zu und lasse dich nicht beirren.

Erbaue dir nicht geistige Hindernisse und Stolpersteine, die es in Wahrheit nicht gibt. Erinnere dich immer wieder daran, dass *du selbst* alle Macht hast und dir dein Leben so erschaffst, wie du es willst! Also denke große Gedanken und befreie deinen Geist von alten Begrenzungen, und du wirst dies dann auch im Außen manifestieren. Allerdings gehören Beharrlichkeit und Geduld dazu, und es ist nötig, auf die innere Stimme zu hören.

*D*as göttliche Selbst, welches dein wahres Wesen ist, ist sich immer sicher, es ist ohne Angst und ohne Zweifel. Es hadert und zaudert nicht, es liebt immer, es ist immer in Harmonie und im Einklang mit dem, was ist.

*W*enn im Außen etwas schwierig ist, dann schaue in dir, wo du nicht in einer Liebesschwingung schwingst, wo du etwas ablehnst oder Widerstände hast.

Nur wenn du selbst innerlich wirklich loslässt und bereit bist, dich auf etwas positives Neues einzulassen, kann sich das offenbaren. Solange noch Anhaftungen, gleich welcher Art, da sind, ist es schwierig.

Deine Gedanken haben große Kraft. Du hast durch sie die Macht, deine Welt so zu erschaffen, wie du es willst. Doch musst du dein ganzes Vertrauen hineingeben, unerschütterlich daran glauben und voller Freude mitschwingen. Das positive Gefühl „belebt" sozusagen die Gedanken, und dann können diese mit positiver Energie aufgeladenen Gedanken genau das in die Realität bringen, was du wünschst, was immer es auch sei.

ICH BIN bei dir an jedem Tag, so darfst du vertrauen und voller Zuversicht sein.

Fürchte kein Unglück, denn ICH BIN bei dir!

Durch meine Liebe und meine unendliche Kraft können Berge versetzt und Flüsse umgeleitet werden.

Durch meine Liebe kann Heilung geschehen in jedem Augenblick, und durch meine Kraft kann das Unterste zuoberst gewendet werden.

Ich begleite dich auf all deinen Wegen, erinnere dich daran, dass ICH bei dir BIN!

Du bist zu keiner Zeit jemals auch nur für einen Augenblick allein!

*D*u wirst so sehr geliebt!

Viele Engel und Meister sind an deiner Seite, um dir beizustehen und Unterstützung und Geleit zu geben.

Verbinde dich täglich mit mir und all diesen unsichtbaren Helfern und gib dir selbst die Chance, ein neues Leben zu leben, in Freiheit und mit mehr Freude und Leichtigkeit.

Ich bin immer bei euch, meine geliebten göttlichen Kinder des Lichtes! Also fürchtet euch nicht, verbindet euch mit dem Licht und der Kraft des Herzens und schaut voller Vertrauen in den Tag. Gott wird euch nicht im Stich lassen!

*M*ache dir einmal bewusst, was du kannst, was du in deinem Leben schon erschaffen hast, welch wichtige Erfahrungen du gemacht hast und wieviel Grund zur Dankbarkeit besteht!

Gottes Gnade ist auch mit dir, ja, ER liebt dich so sehr und ER weiß um alle deine Regungen und die innersten Wünsche und Gedanken. Er ist stets in dir gegenwärtig, denn ER ist dein Leben.

Es ist ein großes Geschenk, in diesem irdischen Körper Erfahrungen machen zu können, und du solltest stets daran denken, dass du nur auf diese Weise frei werden und in deine wahre Heimat heimkehren kannst.

Gott selbst liebt sich durch dich! ER lebt durch dich und ER nimmt die Welt durch dich wahr! ER und du seid nichts Getrenntes, sondern *du bist* ein göttliches Wesen!

Wisse, dass Licht aus dir strahlt und Liebe die Antriebskraft deines Herzens ist. Darum bemühe dich beständig, das Gute in dir zu stärken, deine Taten aus reiner Absicht geschehen zu lassen und dich zu läutern auf allen Ebenen.

Dies geschieht, wenn du einfach du selbst bist und dich nicht nach überholten Normen, alten Verhaltensmustern und äußeren Vorgaben richtest und dich somit selbst in ein Gefängnis sperrst, sondern indem du einfach dich selbst spürst und das tust, was sich für dich im Innersten gut und wahr anfühlt.

Ein aufrichtiger Herzenswunsch wird stets Erfüllung finden, und ein reines Herz wird immer auch der Ganzheit zum Segen gereichen.

Jedes Bemühen um mehr Liebe und Licht wirkt sich auch auf alles andere aus, denn mit jeder guten Absicht verstärkst du auch das Gute in deinem Nächsten und ermöglichst ihm, sich ebenfalls zu erhöhen und weiterzukommen.

Ist nur Liebe da, wirst du auch nichts anderes als Liebe im Außen wahrnehmen.

Bist du Licht, wird alles durch dein Licht erstrahlen.

Deine Unzufriedenheit mit Menschen, Umständen, Angelegenheiten im Außen ist letztlich ein Spiegel für die Unzufriedenheit mit dir selbst. Du siehst im Außen nur das, was du selbst im Bewusstsein hast.

Füllst du deinen Geist mit Liebe, wirst du in einer liebevollen Welt leben.

Die Liebe schließt alles ein, *alles,* sie wehrt nichts ab und verurteilt nicht. Sie liebt einfach.

Du kannst wählen, ob du in der Energie der Liebe schwingen willst oder nicht. Versuche, dein Herz ganz zu öffnen und nur für einen Augenblick einmal wirklich *alles in Liebe anzunehmen.*

Meditation

Gesegnete Gemeinschaft

Unendliche Liebe verbindet uns alle!

Meine innig geliebten Lichtgeschwister, heute ist der wichtigste Tag eures Lebens! Nur heute und jetzt in diesem Augenblick kannst du den Himmel in dir erfahren und dadurch auf die Erde holen. Nur heute und jetzt in diesem Augenblick gibst du deinem irdischen Dasein einen Sinn, indem du dir dieses Da-Seins bewusst bist und die Göttlichkeit in dir anerkennst.

Die Liebe ist wahrhaft grenzenlos! Sei jetzt ganz still und tauche zutiefst darin ein!.....

Spüre mich! Gib dich ganz dieser göttlichen Liebe hin. Sie ist jetzt da, denn sie wohnt in deinem Herzen! Tauche darin ein, nimm sie mit jeder Pore deines Körpers auf, lasse jede Zelle davon vibrieren, erfülle deine Gedanken und deine Gefühle damit und genieße das jetzt.....

Viele Engel und Meister sind jetzt hier versammelt und grüßen euch. Wir bilden mit euch eine innige Gemeinschaft, deren Basis allein die Liebe darstellt! Wir sind eine Einheit, wir sind verbunden durch die Liebe allein!

Wie wunderbar es ist, mit euch zu sein, ihr geliebten göttlichen Menschenkinder! Spürt unsere Gegenwart und nehmt jetzt Verbindung zu uns auf.....

Lasst euch berühren vom Hauch des Ewigen, lasst euch beglücken mit der göttlichen Gegenwart, lasst euch umfangen von unendlicher, grenzenloser Liebe und Freude.

Wenn ihr jetzt mit uns gesegnete Gemeinschaft halten wollt und wirklich eintaucht ins Reich des strahlenden Geistes, dann müsst ihr eurem Verstand Einhalt gebieten und nicht auf die Worte lauschen, sondern ihr müsst die Essenz der Worte aufnehmen und die Liebe, die darin enthalten ist, erfahren.

Alle Worte werden vergehen, alles, was der Verstand zu verstehen sucht, ist nicht wirklich von Bedeutung für *dich*. Das, was für dich wichtig ist, was dich letztendlich wieder in die Ganzheit bringt, ist allein die Erfahrung.

Erinnere dich bei allem, was du liest, immer wieder daran und bemühe dich nicht krankhaft um das Verständnis der Worte. Öffne vielmehr dein Herz, dann kann die Essenz, das, was hinter den Worten liegt, zu dir kommen, dich im Innersten berühren und dir neue Erfahrungen bringen.

Ihr göttlichen Menschenkinder, ihr seid Kinder des Lichtes! Geboren aus der Liebe und erfüllt mit Glanz und Schönheit. Es ist für uns eine große Freude, euch zu betrachten, denn ihr strahlt das Göttliche schon wunderbar aus!

Verzeiht euch selbst, wenn ihr manchmal zurückfallt, wenn ihr wieder Sorgen, Ängste oder Zweifel habt, verzeiht euch, wenn etwas nicht „optimal" klappt, wenn ihr unzufrieden mit euch oder ärgerlich seid. Seid gnädig mit euch selbst! Ihr seid auf dem richtigen Weg!

Wir alle, die wir jetzt hier sind, möchten euch bestärken, ermutigen und euch jetzt in diesem Augenblick Kraft, Vertrauen und Heilung auf allen Ebenen schenken. Seid jetzt still und nehmt all das in euch auf, verbindet euch damit und seid EINS mit uns!....

Es ist nicht wert, sich über scheinbare Ungerechtigkeiten, über scheinbar versäumte Gelegenheiten, über scheinbar negative Situationen oder über Menschen aufzuregen. Damit trennt ihr euch nur von euch selbst ab, verstärkt dadurch die Illusion und erfahrt nicht die Wahrheit, die Einheit. Also bleibt, was immer geschieht, wen immer ihr trefft, wo immer ihr seid, ganz ruhig in eurem Herzen zentriert, nehmt bewusst wahr, was geschieht, was ist, und erlöst euch so durch das Licht des Bewusstseins aus der Negativität.

Erschafft euch ein Leben voller Schönheit, voller Freude, voller Licht! Ihr könnt das! Ihr seid Schöpfer! Um ein gutes, schönes, erfülltes Leben zu erschaffen, muss aus der Liebe heraus erschaffen werden, ansonsten wird es immer wieder Negativität, Widerstände, Hässlichkeit, Mangel und Angst enthalten und offenbaren.

Erschafft das, was ihr im Herzen tragt. Erschafft mit dem Licht des Höchsten! Erschafft Schönheit, Liebevolles, Reines! Wir helfen euch dabei.

Macht euch morgens nach dem Aufwachen bewusst, dass dieser Tag *alle* Möglichkeiten für euch bereit hält! Ihr könnt daraus machen, was *ihr wollt!*

Allein diese Bewusstmachung verstärkt das Licht in euch und wird sich auf den ganzen Tag auswirken.

Ihr geliebten Lichtgeschwister, verbindet euch also morgen früh mit uns, geht bewusst als göttliche Schöpfer in den Tag und nehmt auch unsere Hilfe und Führung in Anspruch. Achtet auf Impulse, auf Zeichen und Hinweise, die ihr ständig aus der geistigen Welt erhaltet. Macht eure Augen auf und nehmt sie wahr!

Das Leben ist so wunderbar! Macht eure Augen auch für die Wunder auf, die ständig um euch sind. Erkennt die göttliche Herrlichkeit in allem, was euch umgibt!

Jetzt wollen wir noch einige Augenblicke in Stille mit euch sein und einen jeden von euch berühren. Schließt die Augen und seid einfach still.....

Tut nichts, erwartet nichts, öffnet einfach euer Herz und lasst uns darin einziehen. Spürt unsere liebende Gegenwart jetzt.....

Wir schenken euch jetzt Segen....

Wir schenken euch jetzt bedingungslose Liebe.....

Wir schenken euch jetzt Freude.....

Wir schenken dir jetzt genau das, was du am meisten brauchst oder dir wünschst – schau, was es ist, und nimm es dankbar entgegen.....

Wir reichen euch jetzt unsere Hände, nehmt sie und spürt, dass wir wahrlich EINS sind!.....

*D*u als Person glaubst, in diesem Leben so manches erreichen zu müssen, du lässt dich drängen und setzt dich selbst unter Druck.

Doch das Sein ist jenseits von Zeit und Raum, hier gibt es nichts zu erreichen oder zu vollbringen.

Das Sein ist reine Bewusstheit, Da-Sein, Ist-Heit. Tauchst du darin ein, wird alles von dir abfallen, was dich jetzt noch belastet und einengt.

*S*age dir am Beginn des heutigen Tages:

Ich will heute gut für mich sorgen und diesen Tag zu einem Zeichen der göttlichen Herrlichkeit machen.

Dann frage dich:

Was will ich heute?
Was brauche ich heute?

Und bekräftige:

Gott gibt mir die nötige Kraft, um es tun und umsetzen zu können.

Nun lasse los und lausche nur nach innen.

Nimm eventuell Papier und Stift zur Hand und notiere oder zeichne all das auf, was dir spontan in den Sinn kommt.

Indem du dich bemühst, mehr Licht aufzunehmen und auszustrahlen, dich selbst tiefer zu erkennen und im Bewusstsein zu wachsen, hilfst du genau dadurch bei der Transformation des Ganzen mit!

Es gibt nichts Getrenntes von dir! Das wird oft von vielen Lichtarbeitern übersehen.

Würde sich ein jeder Mensch bemühen, bewusst im Jetzt zu sein, müsste nicht an der Transformation „gearbeitet" werden, denn durch das Ausweiten des Bewusstseins geschieht sie einfach. Ihr könnt dafür nichts *tun*, sondern ihr müsst *bewusster sein!* So richte deine ganze Aufmerksamkeit auf dich selbst, auf das, was du bist, so transformierst du dich und strahlst mehr Licht in die Welt.

Jeder Mensch kann und wird aufsteigen. Und dies wird nicht „irgendwann" in der „Zukunft" geschehen, es kann nur **jetzt** geschehen. Doch derjenige, der unbewusst und in seinem Verstand verhaftet ist, der sich nicht spürt und nicht weiß, wer er ist, der ist nicht im Jetzt, nicht im Sein und steigt auch jetzt nicht auf.

Kümmere dich nicht um deinen „Aufstieg". Denke nicht darüber nach, ob und wann du aufsteigen wirst, das raubt unnötig Energie und bringt dich nicht weiter! Stattdessen gehe nach innen, gehe heraus aus dem Denken, spüre, dass du da bist, und sei du selbst!

*D*u kannst wählen! Ich erinnere dich daran, weil du vergessen hast, dass du in jedem Augenblick die Möglichkeit der freien Wahl hast. Also nimm wieder die Macht an dich, die du dem Ego abgetreten hast, und wähle so, wie es dir guttut! Entscheide dich für ein befreites Leben in Freude und Schönheit. Das kannst du, denn du hast die Wahl.

Lasse meine Worte in dein Herz sinken. Der Verstand wird sofort Widerstände dagegen aufbauen, also denke nicht darüber nach, sondern lies sie einfach und dann lasse los. Ich lade sie auf mit meiner Energie, mögen sie dir helfen, dein Herz zu öffnen, und Freude bringen!

*E*ins ist sehr wichtig, nämlich, dass du darauf achtest, dich nicht selbst immer wieder herunterzuziehen und deine Ausstrahlung zu verringern, indem du mit dir ins Gericht gehst, indem du Dinge an dir auszusetzen hast, dich negativ beurteilst und alles Mögliche bewertest oder indem du dich mit anderen vergleichst.

Jetzt rufe ich dir zu: Höre auf damit! Es ist genug!

Erkenne jetzt, dass du ein vollkommenes, göttliches Wesen bist, dass du bedingungslos geliebt wirst und dass es keinen Grund gibt, dich selbst schlecht zu machen oder mit dir ins Gericht zu gehen.

Alles ist da, alles, was für ein erfülltes Leben notwendig ist, trägst du in dir! So schöpfe aus diesem wundervollen Reservoir und mache dein Leben zu einem Zeichen deiner göttlichen Herrlichkeit!

Stelle dein Licht nicht unter den Scheffel, sondern lasse es aufstrahlen und spüre dann, wie gut das tut.

Trage ein Lächeln auf den Lippen und bringe damit etwas mehr Freude in jeden neuen Tag.

Es gibt keinen Grund aufzugeben, denn das Ziel ist nahe.

Ich hülle dich jetzt ein in Strahlen der Liebe und Kraft, so dass du gestärkt weitergehen kannst.

Wisse: ICH BIN bei dir, darum fürchte dich nicht! Alles ist gut!

Liebe ist nicht endende Freude.
Liebe ist alles durchdringendes Sein.
Liebe ist alles, was ist.
Aus der Liebe erwächst nur Gutes.
Liebe ist die größte wirksame Kraft.
In der Liebe gibt es nur Schönheit und Glanz.

*W*as ist die Realität?

Es ist für dich die Realität, die du als real ansiehst. Es gibt keine allgemeine Realität, denn ein jeder Mensch lebt in seiner eigenen Welt, die sich aus seinen Erfahrungen, Glaubensmustern, Vorstellungen, Überzeugungen, Ideen und Wunschbildern formt.

Wenn jemand fest davon überzeugt ist, dass die Welt schlecht, böse und grausam ist, so wird er genau dies erfahren, weil er seine Überzeugung auf alles überträgt und nicht offen ist für das Gegenteil.

Bist du in der Liebe, das heißt, ist dein Herz offen und weit, so hat alles darin Platz, Negatives wie Positives, Erfreuliches wie Leidvolles, Sieg und Niederlage, Kampf und Loslassen. Mit einem liebenden Herzen kannst du all das umarmen und ja dazu sagen. So wird das „Böse" seinen Schrecken verlieren, und du kannst gelassen alles annehmen, was im Leben zu dir kommt.

Wichtig ist, jetzt und hier zu leben, bewusst den jetzigen Augenblick anzunehmen und das zu tun, was er fordert, ob das nun etwas „Spirituelles" ist oder etwas „Weltliches". Diese Unterscheidung erschafft euer Verstand, denn für Gott gibt es diese Trennung nicht.

Viele Menschen haben den Kontakt zu sich selbst verloren, weil sie bestimmten Vorstellungen nachjagen und Vorbilder imitieren, dabei aber vergessen, wer sie selbst sind.

Darum solltest du dich stets bemühen, einfach nur du selbst zu sein!

*W*ir machen keine Zukunftsvoraussagen, denn du selbst hast es in der Hand, wie sich deine Zukunft gestalten wird.

Es hängt ab von deinen Gedanken, Absichten, Wünschen, von deinem Willen und deiner emotionalen Kraft, die du in deine Visionen einbringst.

Entschlossenheit und klare Absicht können alles bewirken, was du willst!

In dir liegen göttliche Kraft und die Macht der Manifestation.

Frage: Wenn ich mich als bewusster Schöpfer betätige, soll ich dabei meine eigenen kreativen Visionen vor Augen haben oder alles der göttlichen Weisheit übergeben, die weiß, was gut für mich ist?

Antwort:

Zuerst mache dir klar, was du willst, stelle es dir so genau wie möglich vor und fülle es mit Gefühl auf, damit es sich manifestieren kann, doch *dann lasse los und übergib es Gott!*
Es ist also beides: die Vision haben und Übergeben an Gott.
Gerade der Schritt des Loslassens ist so wichtig, weil dann genau die Kräfte in Bewegung gesetzt werden, die es ermöglichen, deine Vision Wirklichkeit werden zu lassen.
Wenn du eine Vision hast, weißt du, was du willst, doch der Weg dahin geht über Gottes Weisheit. Nur Er weiß, wie dies auf leichte und bestmögliche Weise für dich erschaffen werden kann – und auch, ob es überhaupt dienlich für dich ist. Dies solltest du Gottes Weisheit überlassen, und deshalb ist es so wichtig, loszulassen.
Du solltest also diese innere Haltung haben: Ich will das und das und ich setze meine ganze Kraft ein, um es zu realisieren, wenn es aber letztendlich doch anders kommt und ich es nicht bekomme, dann ist es Gottes Wille und zu meinem

Besten. So hast du getan, was du dazu tun kannst, und überlässt doch Gott die Führung.

*D*ie Liebe ist diejenige Kraft, die alles erschafft und erhält. Sie ist das Leben selbst und erfüllt alles mit ihrem Glanz. Auch deine Augen werden sich öffnen, um diesen Glanz sehen zu können und ganz darin einzutauchen.

Darum wende dich unermüdlich immer wieder der Liebe zu, der göttlichen Liebe, die in dir wohnt. Bleibe ihr und damit dir selbst treu.

Die Liebe ist alles, was ist, und diese Liebe *bist du selbst!*

Es gibt nichts zu fürchten

Liebe ist die Essenz von allem, was ist.

Liebe ist der „Urstoff", aus dem alles Gute entspringt.

Seid ihr in der Liebe, so bringt ihr nur Gutes hervor.

Seid ihr in der Liebe, dann hadert ihr nicht mit dem, was ist, sondern umarmt es und wisst, dass das, was jetzt ist, gut ist, egal wie es nach außen erscheinen mag.

Gott möchte durch euch Sein Licht in die Welt strahlen, dies ist jedoch nur möglich, wenn ihr euch durchscheinend dafür macht.

Ihr könnt dies tun, indem ihr wach seid, ganz bewusst, ganz im Hier und Jetzt. Indem ihr euch keine Sorgen macht, eure Ängste nicht als euch selbst anseht, euch nicht in Gedanken und Emotionen verliert und erkennt, dass ihr viel mehr seid als das, was man sehen kann!

Es gibt im Augenblick viel Chaos, viel Verwirrung, viel Unwissenheit, Oberflächlichkeit und Angst unter den Menschen. All dies verdunkelt die Schwingung des ganzen Planeten, doch sorgt euch deshalb nicht, sondern bleibt klar, zuversichtlich und in euch sicher.

Warum solltet ihr euch fürchten? Es gibt *nichts* in dieser Welt, vor dem ihr Angst haben müsstet, denn es ist eine

„Spiegelwelt", es ist nicht das wahre Leben. Das wahre Leben ist inwendig in euch. Es ist das, was *DU BIST!*

Ich bitte euch, euer Unterscheidungsvermögen gut zu schulen und diese Kraft der Unterscheidung immer wieder einzusetzen und nichts blind zu glauben oder zu übernehmen. Nur das, wobei ihr ein gutes inneres Gefühl habt, wobei euer Herz sich warm anfühlt und ihr in euch Zustimmung spürt, das nehmt an und setzt es um.

Auch meine Wort sollt ihr nicht einfach annehmen, sondern auch hier sollt ihr zuerst einmal in euch hineinspüren, wie es euch damit geht.

Wenn ich sage, ihr werdet unermesslich geliebt, so spürt in euch, ob das für euch *wahr ist!*

Wenn ich euch bitte, euch bewusst zu sein, dass ihr göttlich seid, dass ihr das Licht in euch tragt, dass ihr die ganze Macht besitzt, um Welten zu bewegen, so spürt in euch, ob dies wahr ist.

Erspürt es, denkt nicht darüber nach! Die Wahrheit kann nicht mit dem Verstand erfasst, wohl aber im Herzen gespürt werden. Sie wird *erfahren*, nicht *gedacht*, Du *bist* wahr oder nicht.

Es ist wunderbar zu sein, es ist großartig zu leben! So hast du in jedem Augenblick Grund zu großer Freude!

Warum freust du dich nicht?

Warum erkennst du nicht die Schönheit der göttlichen Schöpfung?

Weil dein Ego, dein Verstand, dir einen Strich durch die Rechnung macht! Weil es das, was jetzt ist, mit Vergangenem vergleicht und es auf eine Zukunft projiziert, die niemals sein wird.

Wenn du zutiefst erkennst, dass alles im ewigen, d.h. immerwährenden, zeitlosen Jetzt geschieht, dann wirst du frei sein, und dein wahres Wesen kann mit „Glanz und Glorie" hervortreten.

Ihr lebt in der Welt, doch seid ihr nicht von dieser Welt – erkennt, dass hierin die Wahrheit liegt. Ihr lebt mit dem Ego, doch ist dies nicht euer wahres Sein. Ihr seid Gott in Menschengestalt, so tragt dem gebührend Rechnung und zeigt das durch all euer Tun, offenbart es durch euer Sein.

Das Dunkle in der Welt der Dualität ist stark, doch fürchtet euch nicht!

Licht löst alle Dunkelheit auf, und in Wahrheit gibt es nichts anderes als reines Sein, höchstes Gewahrsein, grenzenloses Bewusstsein.

ICH BIN stets bei dir, und du kannst mich fühlen, wenn du dich selbst spürst, wenn du dein Herzklopfen spürst, wenn du Liebe fühlst, wenn du ergriffen bist von etwas Schönem und Wahrem.

So begleite ICH dich allezeit und gebe dir Halt und Führung.

*E*ine wahrlich gesegnete Zeit ist jetzt!

Du sollst daran teilhaben, und die Gottesgaben, die du in dir trägst, mögen sich zeigen und dein Leben reicher und strahlender machen.

Wende dich dem Licht zu und gehe den Weg des Herzens, den Weg des Friedens, das wird dir Zufriedenheit, Freude und Glück bringen.

Ich schenke dir jetzt meinen Segen, spüre das und verbinde dich mit meinem Licht..........

*E*in reines Herz, eine reine Absicht und ein klarer Wille können alles erschaffen, was du dir wünschst!
Du bist Schöpfer!
Die ganze Macht der göttlichen Schöpferkraft liegt in dir, so nutze sie und setze sie ein zum Wohle und Segen aller.

*D*u spürst, dass du, je mehr du über ein Problem nachdenkst, immer unsicherer wirst und am Ende überhaupt nicht mehr weißt, was die richtige Entscheidung wäre. So ergeht es dir immer, wenn du dem Verstand soviel Macht einräumst.

Gehst du über dein inneres Gefühl hinweg und versuchst, die Angelegenheit mit dem Verstand zu lösen, ist dies das Grundübel für alle Schwierigkeiten und Probleme.

Doch sieh es als große Chance, jetzt über den Verstand hinauszugehen und dein Herz sprechen zu lassen. Dafür solltest du in die Stille gehen, das Problem vollkommen loslassen und dann einfach für das aufmerksam sein, was geschieht.

Du hast die Erfahrung gemacht, dass alles Überlegen und verstandesmäßige Hin- und Herwälzen kein brauchbares Ergebnis gebracht hat, also war dies ein Weg, der dich nicht ans Ziel geführt hat. So versuche nun etwas anderes:

Mache, wenn du möchtest, ein kleines Ritual, in welchem du deine Frage, um die es geht, niederschreibst, dann diesen Zettel – einen Brief an das Göttliche in dir selbst – auf einen kleinen Altar legst und die innere Weisheit um Antwort bittest. Dann übergib den Zettel der reinigenden und klärenden Kraft des Feuers und lasse los! Denke nicht mehr darüber nach, bis der Augenblick da ist, da du entscheiden musst. Überlege vorher nicht mehr, sondern entscheide dann aus deinem inneren Gefühl, aus einem spontanen Impuls heraus, der aus deinem Herzen kommt.

So wirst du richtig wählen und wissen, was zu tun oder zu lassen ist.

*E*rkenne, dass du all das, wonach du strebst oder was du haben oder sein willst, bereits jetzt bist!

Dann wirst du erkennen, dass du nichts tun musst, ja nichts tun kannst, um „weiter" zu kommen. Es gibt kein „weiter", denn du bist bereits alles, du bist schon am Ziel!

Sieh dich niemals als Opfer irgendwelcher Umstände, Menschen oder äußerer Einflüsse!

Sei dir stattdessen stets bewusst, dass du selbst deinen Lebenswagen lenkst, dass *du* darüber entscheidest, welche innere Haltung du einnehmen willst.

Diese innere Haltung dem Leben gegenüber ist ausschlaggebend dafür, wie es dir ergeht und womit du dich auseinandersetzen musst.

*E*s gibt kein „irgendwann" oder „später", denn es existiert nur das Jetzt!

Versuche, mehr im Jetzt zu sein und nicht in der Vergangenheit oder der Zukunft, die beide lediglich in deiner Vorstellung existieren, aber in Wahrheit keine eigene Realität besitzen.

Was ist *jetzt?*

Spüre dich selbst, das reine Sein, und mache dir über ein imaginäres Morgen keine Sorgen! Je mehr du im Jetzt und in dir selbst verankert bist, desto erfüllender und schöner wird der Jetzt-Moment sein.

Dein Leben besteht aus nichts anderem als aus Jetzt-Momenten!

Ihr pendelt oftmals wahllos hin und her zwischen unterschiedlichen Ebenen und bringt manches durcheinander. Für uns ist es deshalb nicht ganz einfach, euch bestimmte Dinge verständlich zu machen, weil Worte nicht die Wahrheit sind und weil ihr persönliche Maßstäbe und intellektuelles Denken auf höhere Ebenen anwendet, was nur zu Missverständnissen führen kann.

Im Grunde wäre das Beste, ihr würdet einfach nur schweigen und die Stille in euch wirken lassen. Dann könnte die ungetrübte Wahrheit in euch aufleuchten, unbeeinflusst von menschlichem engen Denken und Verhalten.

Solange ihr euer Denken nicht reduzieren oder einstellen könnt, nutzt es stattdessen wenigstens zur Erforschung eurer selbst!

*D*u bist in dieses Erdenleben gekommen, um eine große Aufgabe zu erledigen, nämlich: dich selbst zu erkennen und die Welt der Illusion hinter dir zu lassen.

Auf diesem Weg hast du bereits viele Erfahrungen gesammelt, und inzwischen ist dir bewusst, was dein höchstes Ziel ist.

In deinem Herzen liegt ein tiefer See mitfühlender Liebe und ein großes Reservoir an Wissen und Wahrheit. Hältst du die Verbindung zu deinem Herzen, zur göttlichen Quelle, dann können Wissen und Wahrheit nach außen durchscheinen, deine Lebensumstände erhellen und bereichern und auch für die Menschen, die dir begegnen, Hilfe und Segen bringen.

Nicht nur heute, sondern an jedem Tag dieses kostbaren Lebens möge ein Lächeln auf deinem Gesicht erstrahlen, das dir und anderen Freude, Kraft und Schönheit bringt.

Affirmation

Ich lasse jetzt alle alten Einschränkungen, die mich behindern, los.

ICH BIN jetzt frei!

Jetzt ist die Neue Zeit und ich wähle jetzt ein Leben in Freiheit und Leichtigkeit. Altes bindet mich nicht länger, denn ich lebe *jetzt*!

Ein jeder Tag ist vollkommen neu, und ich erschaffe ihn so, wie es meinem Wohle und dem Wohle des Ganzen dient.

ICH BIN erfüllt von Licht und strahle es jetzt aus zum Segen aller.

*D*ies ist dein Leben, welches du nutzen kannst, um frei zu werden – frei von der Illusion der materiellen Welt mit all ihren Bindungen und „Fallstricken", Problemen, Nöten, Ängsten und Schwierigkeiten.

Wisse, mein liebstes Lichtkind, in Wahrheit geht es nicht darum, frei zu *werden*, sondern darum, zu erkennen, dass du bereits frei *bist!*

*D*u fragst, woran du noch arbeiten musst, und ich antworte dir, dass du weder „arbeiten" noch sonst etwas „tun musst".

Befreiung geschieht, wenn du zu höchster Erkenntnis gelangst, wenn dein Bewusstsein sich ausweitet und frei wird.

Hierzu ist keine „Arbeit" erforderlich und jedes „Muss" ein Hindernis.

Solange du nicht wirklich aus tiefstem Herzen heraus frei sein *willst*, dich nicht beharrlich um Erkenntnis bemühst und dein höchstes Ziel immer wieder aus den Augen verlierst, solange wirst du das Gefühl haben, etwas tun zu müssen, an dir arbeiten zu müssen, etwas verbessern zu müssen und dergleichen.

Doch erkenne, meine innig geliebtes Lichtkind, dass du bereits all das bist, was du zu werden wünschst, dass du bereits vollkommen bist, dass du bereits ein göttliches Wesen bist, mit all der Kraft, die Berge versetzen kann, mit allem Wissen und aller Weisheit!

Strebe allein danach, dies zu erkennen, strebe nach innerer Freiheit und nach der Wahrheit, dann wird alles andere, was du dir je erträumt und gewünscht hast, zu dir kommen können, weil du dann frei mit dem göttlichen Strom fließt, wenn du dich ihm anvertraust, und Gott sich durch dich offenbaren kann.

*E*s kann nichts in deinem Leben geschehen, wozu du auf einer tieferen Ebene nicht dein Einverständnis gegeben hast. Alles, wie schmerzlich, unangenehm oder schwierig es auch sein mag, dient letztendlich deiner Entwicklung und geschieht, weil du lernen und dich tiefer erfahren willst.

ICH BIN jetzt da! Sei in tiefer Liebe gegrüßt und spüre jetzt, wie du von meinem Licht gestärkt und berührt wirst.

Ich sehe dich, wie du wirklich bist.

Ich sehe die Liebe in deinem Herzen, und ich sehe dein ernsthaftes Bemühen, dich zu läutern, und das Streben nach Wahrheit.

Groß sind unsere Hochachtung und unser Respekt für dich, für deinen Mut und deinen Durchhaltewillen.

Niemals sollst du dich fürchten! Sei guten Mutes und schreite weiter voran auf dem Weg ins Licht!

Affirmation

Ja, ich akzeptiere.

Ich nehme das, was ist, in Liebe an, denn es ist ein Ausdruck göttlicher Vollkommenheit.

Gott weiß, was für mich das Beste ist, so gebe ich mich IHM ganz hin und vertraue aus tiefstem Herzen!

*F*rieden in der Seele bringt Harmonie auf allen Ebenen mit sich, so kümmere dich zuallererst um diesen inneren Frieden.

Dazu ist nötig, dass du immer wieder in die Stille gehst, dass du *dich* spürst, dass du dich mit der Quelle verbindest und – das ist ganz wesentlich – dass du im Hier und Jetzt bist!

Wenn du ganz gegenwärtig bist, dann bist du bei dir, also halte immer wieder inne, sei still und spüre *dich*, so *bist* du. Nimm nur das wahr, was ist, ohne dem Verstand zu erlauben, es zu bewerten oder zu beurteilen.

Jeglicher Widerstand schwächt dich. Also sage in jedem Augenblick ja zu dem, was ist, sei wach und weite dadurch dein Bewusstsein aus.

Tore zur Unendlichkeit

Ebenen des Bewusstseins gibt es so viele, wie es Menschen gibt. Doch gibt es nur eine Ebene des Seins. Das Sein ist Eines, und lediglich seine Erscheinungsformen sind unendlich vielfältig.

Das, was ihr als „Leben" bezeichnet, ist nicht das wirkliche Leben, denn meistens meint ihr damit lediglich die Lebensumstände, in denen ihr euch befindet. *Das wahre Leben* ist euer inneres Sein, es findet innerhalb statt, nicht außerhalb von euch.

So taucht jetzt in dieses Leben in euch ein, indem ihr tief atmet und euch mit der Quelle verbindet. Der Atem bildet eine direkte Verbindung, wie eine Brücke, die euch direkt zu euch selbst führen kann.

Von den unzähligen Toren, die es gibt, um euch in die Unendlichkeit zu bringen, ist dasjenige des Atems eines der größten. Auch braucht ihr für all diese Tore keine Schlüssel, denn sie stehen immer und überall offen, ihr müsst lediglich hindurchgehen.

Oftmals steht ihr direkt davor und wagt nicht, diesen *einen* Schritt zu tun.

Ja, es genügt *ein* Schritt und schon seid ihr dort, wo ihr immer schon sein wolltet. Dieser eine Schritt ist nichts Äußeres, es ist nichts, was ihr *tun* könntet, so sehr ihr euch auch bemühen mögt. Er findet nur inwendig in euch statt und kann nicht durch Anstrengung oder Wollen getan werden.

Um allerdings all das, was das Tor verschleiert, fortzuräumen, sind Bemühen, Beharrlichkeit und Wollen sehr dienlich. Denn noch bestehen viele Schleier, die eure Sicht trüben, die euch in der Unwissenheit halten, die euch immer wieder vom Ego gängeln lassen, und all diese Schleier der Unwissenheit können durch Wissen aufgelöst werden. Doch ist es nicht das Wissen, welches den Verstand stärker macht, sondern das höhere Wissen, welches euch über das Herz zukommt und euer Bewusstsein erweitert.

Ich sehe viele unzufriedene Gesichter unter euch, obwohl ihr in einer wunderbaren Welt lebt, wunderbare Wesen seid und eine wunderbare Aufgabe auf der Erde habt. Warum also seid ihr unzufrieden?

Unwissenheit, Unbewusstheit, Verblendung – das sind die Ursachen dafür. Denn wüsstet ihr, wer ihr seid, würdet ihr die Wahrheit erkennen und die Essenz wahrnehmen, dann könntet ihr nicht anders als zufrieden und glücklich sein und in Freude und Frieden leben!

Meine göttlichen Kinder, ihr seid jetzt eingeladen, endlich, endlich zu erwachen! Wir warten so sehr darauf!

Ich rufe euch nochmals zu: Ihr braucht nichts zu tun, um aufzuwachen, um Erlösung von der Welt zu finden! Ihr braucht nur jetzt das zu sein, was ihr bereits seid!

Meditation

Lebensfluss

Meine innig geliebten Gotteskinder, seid jetzt ganz still .....
Vertieft euch in den Atem, nehmt seinen Fluss wahr, das Ein-
und Ausströmen, nichts sonst .....
Alles andere betrifft euch nicht, lasst es einfach sein, fließt nur
mit dem Strom des göttlichen Atems .....
Und mit dem Atem geht ihr tiefer und tiefer in euch hinein,
lasst euch sinken, immer tiefer, bis ihr an die Quelle
kommt.....
Stellt euch vor, wie hier der Lebensfluss entspringt. Hieraus
entströmen alle Kraft, alles Wissen, alle Freude, aller Mut.
Spüre, wie machtvoll es hier ist, wie gut es sich für dich anfühlt, hier zu sein!.....
Hier bist du zu Hause, ja, die Quelle, das bist du selbst, wer
sonst – es gibt niemand „anderen", der in dir sein könnte als
du selbst!
Genieße es jetzt, zu Hause zu sein.....
Atme nun einige Male tief ein und aus und nimm diese Kraft
bewusst mit in deinen Alltag.

Deine Sinne bringen dich immer wieder nach außen, sie trennen dich von dir selbst, indem sie dir vorspiegeln, dort draußen ist eine Welt und hier bist du. Sie halten dich fest in der Täuschung und in der Trennung. Erlösen kannst du das, indem du die äußeren Sinne verschließt und die inneren Sinne öffnest. Dies geschieht immer nur im Jetzt. Also tue es jetzt! Wir lieben euch so sehr, wir sind jetzt bei euch und segnen jeden Einzelnen von euch. Spürt über dem Haupt die göttliche Hand und fühlt, wie euch der Segen durch euer Kronentor ganz durchflutet. Dies geschieht *jetzt!* ....

ICH BIN überall und nirgends.

ICH BIN hier und dort, gestern, heute und morgen und in alle Ewigkeit.

ICH BIN genau dort, wo du jetzt bist!

ICH BIN genau das, was du bist!

ICH BIN Wahrheit und Liebe, und DAS bist du ebenso!

*F*olgst du dem Willen deiner inneren Führung?

Folgst du deiner Bestimmung?

Tust du, was dein Herz verlangt? Ja oder nein?

Bist du ganz wahrhaftig?

Was ist dein größter Wunsch, und was tust du, um ihn in die Tat umzusetzen?

Weißt du, dass du bereits durch dein So-Sein wirken kannst? Dass du durch die Verbundenheit mit dem göttlichen Strom in dir Wunder bewirken kannst?

Natürlich kannst du Jesu' Werk fortführen, denn es braucht in der Tat keinerlei Hilfsmittel, um Heilung zu bewirken. Ihr Menschen glaubt, ihr brauchtet solche Hilfsmittel, doch in Wahrheit ist nichts anderes nötig als die Verbindung zur Quelle, zum höchsten Sein. Ruhst du darin, so kannst du auch anderen Menschen ermöglichen, wieder daran Anschluss zu finden, und dann kann Heilung geschehen auf allen Ebenen.

*E*s gibt nichts, was nicht durch göttliche Kraft geheilt werden könnte!

Übung

Wenn du deinen Willen stärken und das „In-die-Tat-Umsetzen" üben willst, dann tue das in kleinen Schritten.

Nimm dir jeden Abend *eine* wichtige Sache für den nächsten Tag vor und entschließe dich, das wirklich zu erledigen.

Am nächsten Morgen wiederhole kurz deinen Entschluss und sage dir:

Ja, das erledige ich heute voller Freude und *weil ich es so will!*

So fühlst du dich nicht mehr als Opfer der Umstände und hilflos in einer bestimmten Situation, sondern *du* bist der Handelnde und du wählst bewusst.

Einen positiven Tag erschaffen

Deine jetzigen Lebensumstände zeigen dir, was du dir kreiert hast. Du hast deinem Verstand viel Macht gegeben, hast gerade das, was du *nicht* haben willst, durch deine Widerstände und Ängste mit Energie versorgt und so am Leben erhalten.

Jetzt hast du die Wahl, umzuschalten und dich neu auszurichten: auf das Gute, das Positive, das, wofür du dankbar sein kannst, worüber du dich freuen kannst, was dir gut tut.

Beginne jetzt sofort damit, und dein Leben kann sich auch sofort wie durch ein Wunder verwandeln!

Beginne jetzt sofort, dir ein neues, positives Leben zu erschaffen! Vergiss auch all die „Warum- und Wieso-Fragen", frage dich vielmehr: Wer oder was bin ich? Was ist wirklich? Was will ich wirklich? Was ist jetzt da? Was habe ich und wofür kann ich dankbar sein?

Lösche in Gedanken deine „Negativ-Liste" und erstelle, wenn du möchtest Schwarz auf Weiß, eine „Positiv-Liste".

Vergiss auch alles Negative aus der Vergangenheit, schließe damit ab und erinnere dich, dass du *jetzt* lebst und es *jetzt* in der Hand hast, dir eine bessere Zukunft zu erschaffen.

Wenn du morgens aufwachst, denke zum Beispiel nicht als erstes: O, mein Gott, wie soll ich nur diesen Tag überstehen, alles ist so schlimm, es geht mir so schlecht, ich bin wirklich arm dran.

Nein! Sofort nach dem Erwachen sei dir bewusst, dass *du lebst*, dass es dich gibt, dass du einen gesunden, klaren Geist hast, dass ein wundervoller Tag auf dich wartet, wenn du alles in Liebe umarmst und Ja zu dem sagst, was ist – ohne Widerstände und Negativität!

Zaubere ein Lächeln in dein Gesicht, dann wirst du dich sofort besser fühlen.

Bevor du aufstehst, sei dankbar, dass du diesen neuen Tag vor dir hast und erleben darfst, um ihn zu gestalten und darin deine Göttlichkeit zu offenbaren.

*W*eißt du, dass du weder Anfang noch Ende hast?

Es gibt keinen Ort, von dem du kommst, und es gibt keinen Platz, zu dem du gehen wirst.

Du bist und warst immer reines Sein, nichts sonst, und du wirst auch niemals etwas anderes sein als das.

Die Liebe, die du bist, das ewige Licht, das deine Essenz ist, hat keinen Ursprung, keinen Platz, von dem es kommt, es ist ohne Zeit und Raum.

Dies geht über euer Verständnis hinaus, darum akzeptiere es einfach und frage dich: Wer oder was BIN ICH?

Wer oder was bist du?

Wenn du hierauf eine Antwort erfährst, werden sich alle anderen Fragen umgehend in Nichts auflösen.

Der Verstand liebt es, ja, er kann gar nicht anders, als immer neue Fragen zu formulieren, doch die meisten sind nicht wirklich wesentlich. So schärfe dein Unterscheidungsvermögen und sortiere die wesentlichen von den unwesentlichen aus.

Die wichtigste Frage wird immer diese bleiben: Wer oder was BIN ICH? Hier lasse nicht nach, dich zutiefst zu erforschen, um die Antwort zu erfahren.

*A*uch in dunklen Phasen BIN ICH immer bei dir und halte deine Hand, selbst wenn du dies nicht spürst.

ICH BIN da!

ICH BIN jetzt hier. Dein Herz ist meine Wohnstatt, darum bete und nimm darin Platz, damit ich dich alle Geheimnisse des Geistes lehren kann.

Auch wenn du dich fürchtest, wenn du zweifelst, wenn du hinfällst, wenn du dich verlassen und schwach fühlst, so wisse doch, dass du im Licht bist und ICH bei dir BIN!

Ich lasse jetzt Segen und unermessliche Liebe zu dir fließen, auf dass dein Herz sich mit Frieden erfüllen möge und du deinen Weg vollenden kannst.

*B*eobachte deine Gedanken und nimm wahr, wie viele sorgenvolle, ängstliche, negative, schwächende Gedanken du denkst!

Nimm es nur wahr, aber beurteile es nicht und verurteile dich nicht deswegen. Versuche vor allem immer wieder, die Stille zwischen und hinter den Gedanken, oder auch Worten, wahrzunehmen, und vertiefe diese Stille.

Schau auch, was wirklich wichtig ist, und stärke dein Unterscheidungsvermögen. Erkenne, dass dein Leben nicht davon abhängt, was du arbeitest, wie groß deine Besitztümer sind oder wo und wie du wohnst!

Wesentlich wichtiger ist, dein Herz zur Wohnung Gottes zu machen und IHM ein angemessenes Heim zu geben.

„Angemessen" heißt, dass du das Gute in dir stärkst, Geist und Körper läuterst und bewusst mit der Quelle verbunden bleibst.

*W*isse, dass jetzt alles möglich ist!

Bisher gab es auch in deinem Leben Phasen voller Schwierigkeiten, Blockierungen in verschiedenen Bereichen, ohne Stabilität in Gesundheit und ohne materielle Fülle.

All dies kann sich jetzt wandeln!

Alles ist jetzt erreichbar!

Du kannst dir jetzt alles erschaffen, wenn du dich bewusst und fest entschließt, in der Energie der Liebe zu bleiben, dich selbst zu achten und Gott in dir zu folgen.

So übe täglich, wenigstens morgens und abends, bewusst die Ebene zu wählen, auf der du sein willst, bewusst zu entscheiden, was du tun willst, und bewusst deine Absicht kundzutun, den dir innewohnenden Gott jetzt zu offenbaren.

*V*ersteife dich nicht darauf, nur „spirituell" arbeiten zu wollen. Vor Gott ist eine jegliche Arbeit „spirituell", die mit einer reinen Absicht und Liebe ausgeführt wird!

Leidest du unter negativen Emotionen wie Hass, Neid, Zorn, Eifersucht usw., so wisse, dass diese aus einem starken Ego entstehen, welches wertet und beurteilt und sich vor allem mit anderen Menschen vergleicht.

Lasse das sein!

Du bist du, du besitzt ganz bestimmte Begabungen und Fähigkeiten, die in dieser Art und Zusammensetzung niemand sonst hat. Du bist absolut einzigartig und niemand kommt dir gleich.

Erkenne, wer du bist!

Das wird dich aus deinem persönlichen Gefängnis befreien, und du wirst dann ohne Ausnahme alles, was ist, in Liebe umarmen können.

Immer wenn du verzweifelt bist, nimm Zuflucht zu ICH BIN, gehe in die Stille, singe ein Mantra oder sprich ein Gebet. Gott wird dich erhören und dich nicht alleine lassen!

Nimm stets Zuflucht zu IHM, wann immer du der Hilfe oder des Trostes bedarfst.

Wenn du dich von einem Menschen lösen willst, so kann ein Ritual immer hilfreich sein, in welchem du dich symbolisch von der Person trennst und die Bindungen löst, die dir nicht guttun. So gibst du dich selbst und auch den anderen Menschen frei, und ihr könnt beide euren Weg in Freiheit und getrennt fortsetzen.

Mache dir auch klar, dass du niemals einen anderen Menschen brauchst, um zufrieden und glücklich zu sein, dass dir kein Mensch etwas geben kann, was du nicht in dir selbst hättest, und dass du wahre Liebe nur in dir selbst finden kannst.

Affirmation

ICH BIN ewiges Licht und unermessliche Freude!
ICH BIN reine manifestierte Gotteskraft.
Mein Licht heilt alles, was nicht heil ist,
und meine Liebe versöhnt alles, was unversöhnt ist.
Mein Bewusstsein weitet sich jetzt in die Unendlichkeit
und öffnet sich für das Licht der Wahrheit.
Die Liebe ist meine einzige Realität.
Licht ist das, was ICH BIN.
Tiefer Friede und überschäumende Freude erfüllen mein
Herz.
ICH BIN glücklich und zufrieden, denn ICH BIN eins mit
Gott.
ICH BIN immerwährendes Licht.
ICH BIN Liebe, die alles vereint.
Das BIN ICH!

Text aus dem Buch „Meister Hilarion beantwortet Lebensfragen", S. 27

*M*anchmal ist es nur ein Wort, ein Ton, eine Musik, ein Klang, eine liebevolle Geste oder Zuwendung, welche heilend wirkt. Und oftmals geschieht Heilung gerade dadurch, dass ihr als Person nicht bewusst etwas dazu tut, sondern dass Gott durch eure Persönlichkeit hindurchscheint und Seine Liebe wirken lässt.

*D*iese wunderbaren Eigenschaften sind bei der Erziehung von Kindern am wichtigsten: **Liebe, Vertrauen, Verständnis, Toleranz** sowie **das gute Beispiel der Eltern!**

Die **Liebe** nimmt sie so an, wie sie sind, ohne etwas an ihnen zu verurteilen, zu bemängeln oder abzuwerten.

Sie sieht den göttlichen Funken in ihnen und geht einher mit dem **Vertrauen**, dass dieser göttliche Funke sie führt und den richtigen Weg zeigt.

Die **Toleranz** lässt sie so sein, wie sie sind, und ist voller Güte.

Sie wächst mit deinem **Verständnis** für den Weg jeder Seele und sieht alle Schwierigkeiten als Lerngeschenke auf dem Weg ins Licht.

Dein eigenes Beispiel zeigt ihnen jedoch am deutlichsten, wie ein Leben aussieht, das dem Dienste Gottes gewidmet ist, das aus dem Herzen geführt wird und in dem nicht der Verstand dominiert.

Indem du du selbst bist, gibst du ihnen die Kraft, ebenfalls sie selbst zu sein und Selbstvertrauen und innere Stärke zu entwickeln sowie das Leben lieben zu lernen.

*B*ist du unzufrieden und unglücklich, hast du das Gefühl, es fehle dir etwas Wesentliches, dann setze dich an einigen Tagen hintereinander täglich für eine kurze Zeitspanne hin, sei ganz still und frage dich nur: Was will ich wirklich? Was wünscht meine Seele? Gott in mir, bitte antworte!
Dann lasse los und denke und tue etwas anderes.

Wenn du dies praktizierst, wird innere Klarheit eintreten, und nach dieser Zeit wirst du einen Impuls oder einen Hinweis von außen, ein Zeichen erhalten.

Lasse alles Wenn und Aber los und gehe tief ins Vertrauen und wisse, dass die göttliche Weisheit, die deine Seele anleitet, dich recht führen wird, wenn du es zulässt und stets offen bleibst und auch bereit bist, Veränderungen zuzulassen.

*A*lles geschieht nach Gottes Willen zum bestmöglichen Zeitpunkt.

Viele kleine Teilchen sind nötig, um ein großes Ganzes zu erschaffen, und noch ist euer Blick so eingeengt, dass ihr immer nur einen Teil davon erkennen könnt.

Deshalb seid ihr oft unzufrieden, hadert mit euch selbst oder dem Schicksal und glaubt, ihr wäret ganz weit weg vom Ziel.

Doch jetzt sage ich euch: Ihr steht genau davor, ohne es zu erkennen!

*D*u gibst den Dingen Bedeutung, sei dir dessen bewusst und lasse nicht die Dinge über dich herrschen!

*F*ürchte dich nicht! ICH BIN bei dir.
ICH BIN das Sein, welches ohne Makel ist.

*L*iebe umfasst alles und lässt doch alles frei, ja, sie selbst *ist* grenzenlose Freiheit.

Öffne die Tore deines Herzens und lasse die Liebe darin wohnen!

Liebe ist das wahre Sein.

*D*u hast Angst vor deiner eigenen Größe und Schönheit, vor der herrlichen Pracht deiner Göttlichkeit!

Wage es, dein Herz zu öffnen!

Wage es, Begrenzungen fallenzulassen und darüber hinauszugehen!

Sei mutig, denn die göttliche Kraft wohnt in dir!

Frage: Kann sich bei Botschaften aus der geistigen Welt etwas Unwahres einschleichen und warum? Wie kann man das vermeiden, und wie kann man hier unterscheiden?

Antwort:

Geliebte Kinder des Lichtes, es kann sich dann nichts Unwahres einschleichen, wenn ihr euch aus tiefster Seele und mit absolut reiner Absicht Gott in euch zuwendet.

Ein reines Herz und reine Absicht sind das „Gütesiegel", welches dem, was ihr empfangt, aufgedrückt wird.

Sind Herz und Absicht rein, wird auch die Antwort rein sein. So achtet darauf, dass sich nicht das Ego mit einmischt, sondern dass es euch um nichts anderes geht als um die reine, höchste Wahrheit! Dann werden auch die Botschaften, die ihr erhaltet, aus dieser Quelle kommen.

„An ihren Früchten sollt ihr sie erkennen." Auch ihr könnt an den Früchten bzw. an den Wirkungen von dem, was ihr empfangt, erkennen, ob es rein und wahr ist und aus dem höchsten Bewusstsein stammt.

*U*nausgewogenheit, Probleme und Ängste resultieren daraus, dass du immer wieder aus deiner Mitte herausfällst, dass du dich zwar in eine höhere Schwingung einschwingen kannst, durch Alltäglichkeiten aber wieder die Verbindung zu deinem Zentrum verlierst und dann nicht mehr im Jetzt bist.

Bringe dich immer wieder ins Jetzt zurück, indem du dich spürst, wahrnimmst, was in diesem Moment gerade ist, und dir deines Bewusstseins bewusst bist.

Wenn du beispielsweise Auto fährst, spürst du dich dabei und bist deiner selbst bewusst? Oder bist du in Gedanken schon vorausgeeilt und längst dort angekommen, wohin dich das Auto bringen soll? Oder hängst du in Gedanken noch an dem, was vorher war, und lässt deinen Geist umherspringen, wie es ihm gefällt?

Wenn du dies bemerkst, hole dich ins Jetzt und spüre zum Beispiel, wie du sitzt, spüre das Lenkrad in deinen Händen, den Druck der Füße auf die Pedale, spüre, wie du sitzt, wo der Rücken angelehnt ist usw. Dies kannst du bei allen „Routinearbeiten" tun, und so wirst du viel präsenter sein, und es werden Ruhe und Ausgewogenheit eintreten.

Bemühe dich darum, dass jedes alltägliche Tun zu einer meditativen Handlung wird, zu einem Gebet und damit zu einer Ehrerbietung an den höchsten Schöpfer.

Wenn es dir im Alltag schwerfällt, ruhig zu werden oder dich
zu konzentrieren, dann erkenne:

ICH BIN eins mit dem höchsten Sein.
ICH BIN Wahrheit.
ICH BIN reines, göttliches Bewusstsein.
ICH BIN jetzt im Frieden.

Jegliche Angst entsteht aus der Identifikation mit dem Ego, dem Verstand, also dadurch, dass du dich mit deinen Gedanken, Gefühlen, Wünschen, Vorstellungen und Mustern identifizierst und dadurch niemals wirklich frei bist in deinen Entscheidungen.

Lösen kannst du diese Identifikation, indem du dich selbst erkennst, indem du im Jetzt bist und nicht ständig mit den Gedanken in der Vergangenheit oder Zukunft weilst.

Angst entsteht nur, wenn du nicht im Jetzt bist!

Angst bezieht ihre Energie aus sorgenvollen Gedanken, und Sorgen beziehen sich niemals auf das Jetzt.

Also beobachte, was jetzt ist, nimm wahr, sei ganz da, ganz in der Gegenwart und achtsam. Werte und urteile nicht, sondern schau einfach das an, was ist.

*V*ergleiche dich nicht mit anderen!

Du bist absolut einmalig, du hast deine ganz speziellen Fähigkeiten, Eigenschaften und Gaben, die dir mitgegeben wurden, und du hast deinen ganz eigenen Weg, über den niemand sonst Bescheid weiß! Nur du allein kennst ihn in deinem Herzen. Folge ihm, vertraue auf dein inneres Gefühl!

Unser Segen ist mit dir. Lasse dein Licht leuchten und dein Herz überfließen, so wirst du selbst Glück und Segen ernten, so wie du anderen Glück und Segen bringst.

Nach einer Phase der Dunkelheit wird das Licht noch heller strahlen und dein Herz weiter sein als zuvor.

*D*u bist unendlich geliebt!
Du hast keinen Grund, unzufrieden oder unglücklich zu sein!
Ich segne dich jetzt. Ich segne all dein Tun, und ich segne diesen Tag der Freude und des göttlichen Erschaffens.....

*J*e mehr du dich selbst ins Gleichgewicht bringst, desto stabiler werden auch die körperlichen Funktionen.

Wende dich immer wieder beharrlich dem Lichte zu, zentriere dich, gehe in die Stille und verbinde dich mit deinem göttlichen Kern.

Vor allem glaube nicht, dass du krank seiest und dass du nicht geheilt werden könntest! Das schwächt dich und zieht dich herunter.

Bekräftige:

ICH BIN immerwährendes Licht und große Freude.

ICH BIN voller Glanz und Schönheit und strahle jetzt göttliche Liebe aus zum Wohle der Ganzheit.

Widerstände

Meine innig geliebten Lichtkinder, ich habe euch etwas mitzuteilen, das ihr in euer Herz aufnehmen möget, damit es Früchte tragen kann.

Wenn ihr euch aufrichtig beobachtet und eure Gedanken und Handlungen überprüft, so werdet ihr feststellen können, dass ihr häufig, ja viele tun es beinahe pausenlos, eure Aufmerksamkeit darauf richtet, dass ihr etwas verändern wollt.

Ihr bemüht euch zum Beispiel, eure physische Erscheinung zu „verbessern", indem ihr schlanker, hübscher, muskulöser oder adretter aussehen wollt.

Ihr bemüht euch, eine „bessere" Arbeit oder Wohnung zu finden, mehr Geld zu verdienen, ihr hättet gerne, dass manche Menschen freundlicher oder überhaupt anders zu euch sein sollten, dass ihr selbst geduldiger, „spiritueller", erfolgreicher, beharrlicher, liebevoller und so weiter sein solltet. Dass ihr nicht mehr unter euren Emotionen leidet und ständig ruhig und gelassen seid und darüber steht, wenn etwas schwierig wird. Die meiste Zeit über wünscht ihr euch, dass entweder etwas in der Außenwelt oder dass ihr selbst irgendwie anders sein solltet. Indem ihr ständig bemüht seid, an euch und euren Lebensumständen „herumzuwerkeln" und etwas verbessern zu wollen, sagt ihr in Wahrheit: Es ist nicht gut so, wie es ist, es ist unvollkommen, es ist *nicht göttlich*. Damit trennt ihr euch aber ab von eurer eigenen Göttlichkeit, und die Schöpferkraft kann nicht frei und zu eurem Besten wirken.

Dass ihr danach strebt, euch zu läutern oder danach, beispielsweise einen für euch passenden Job, Partner oder Wohnsitz zu finden, ist natürlich vollkommen in Ordnung. Worauf ich euch aufmerksam machen will, ist dies, dass ihr über euren ganzen Verbesserungstendenzen vergesst, euch auf das Eigentliche zu konzentrieren und die Aufmerksamkeit darauf zu richten, dass jetzt alles gut ist, was ist! Dass ihr von Herzen Ja sagen sollt zu euch selbst und eurem Leben und dass ihr es liebevoll annehmen sollt. Das bedeutet loszulassen: dass ihr wisst, die göttliche Weisheit in euch hat das Zepter in der Hand und lenkt euch so durchs Leben, dass ihr am Ende frei und glücklich sein werdet.

Könntet ihr in diesem Bewusstsein leben und stets dessen gewärtig sein, dass ein jeder Augenblick Vollkommenheit in sich birgt, so könnten sich schwierige Situationen ganz schnell und leicht auflösen, denn dann könnte das strahlende göttliche Licht des Bewusstseins die Dinge auflösen, die euren Weg behindern. Richte deine volle Aufmerksamkeit darauf, dass du ein vollkommenes, göttliches Wesen bist, dass alles, was ist, ebenfalls die göttliche Vollkommenheit widerspiegelt und dass die dir innewohnende Schöpferkraft jetzt das manifestiert, was dir entspricht.

Lasse dich ganz ins Vertrauen hineinfallen, richte deine ganze Kraft der Konzentration auf die Quelle in dir, auf das göttliche

Licht in deinem Herzen und wisse in deinem tiefsten Inneren, dass alles gut ist! Bleibe in diesem Bewusstsein, solange es dir möglich ist, und wenn du wieder herausfällst, kehre ganz ruhig wieder dahin zurück. Wenn du dies beharrlich übst, werden sich Probleme ganz von alleine wieder auflösen, ohne dass du viel dazu tun müsstest.

Doch wisse auch, dass es kein irdisches Leben ohne die dunkle Seite geben kann, auch das Auf und Ab gehört zum Erdenleben dazu. Was sich verändern kann, ist deine innere Einstellung dazu, deine Haltung, dein Bewusstsein.

Wenn du also ruhig in dir zentriert bleibst, wird sich auch in den äußeren Umständen etwas Neues ergeben, wenn das Alte nicht mehr stimmt. Oder dir wird klar, dass es doch noch stimmt und dies für dich eine Gelegenheit war, Gelassenheit zu üben und zu schauen, wo du stehst. Ob es das eine oder das andere ist, wirst du erkennen können, wenn du still bist, dich spürst und dich von deiner inneren Stimme leiten lässt.

Ich erinnere dich wieder und wieder an die Wahrheit: Alles *ist*, und alles ist so, wie es ist, vollkommen.

Darum trauere nicht um Dinge oder Menschen, die du verloren glaubst, denn durch den Verlust wurde dir auch etwas geschenkt, es gibt immer einen Ausgleich. Wenn du gibst, wirst du auch bekommen, und wenn du nimmst, wirst du geben müssen.

Seht, meine Lieben, wie die Tage verfliegen, wie die Zeit in eurer irdischen Welt vorübereilt und wie ihr euch leicht davon anstecken lasst.

Erinnert euch, dass ihr eine Ewigkeit Zeit habt! Ihr befindet euch genau hier und genau jetzt in der immerwährenden Ewigkeit, denn das Jetzt währt ununterbrochen und ist ohne Anfang und ohne Ende.

Darum hat es auch mit eurer Erleuchtung keine Eile, denn sie steht außerhalb von Zeit und Raum. Ihr könnt sie nicht „irgendwann" erlangen, denn ihr könnt nur *jetzt* erleuchtet sein, wo und wann sonst?!

Hört auf, nach etwas zu suchen, hört auf, etwas hinterherzulaufen, was bereits jetzt ist!

Das höchste Sein strebt in jedem Augenblick nach Offenbarung und manifestiert sich durch dich, durch deine Welt und alles, was mit dir zu tun hat. Es ist ein Spiegelbild deines Bewusstseins, und „dein" Bewusstsein ist nicht getrennt von dem höchsten Sein, dessen Manifestation du bist.

In dir ist alles enthalten, du bist das Ganze, es gibt nichts anderes als dich selbst! Dein Verstand kann dies niemals erfassen, denn er ist begrenzt und dem logischen Denken verhaftet. Das Sein kann er nicht verstehen, aber er kann dir helfen, bis an seine eigene Grenze zu gehen. Doch dann musst du den Absprung wagen und dich mutig ins Nichts stürzen. Du musst bereit sein, den Tod in Kauf zu nehmen, alles loszulassen, um frei zu sein.

Weißt du, was dir das Leben beschwerlich macht? Es sind immer deine eigenen Widerstände. Es ist das Für-oder-dagegen-Sein, das Urteilen und Werten. Sobald du dich dazu entschließt, alles einfach in Liebe anzunehmen, was ist, wie könntest du dich dann schlecht oder ungerecht behandelt, missachtet oder zurückgesetzt fühlen? Wenn du dich entschließt, von Herzen Ja zu sagen zum Jetzt, wie könnten da Unlust, Unzufriedenheit oder das Gefühl von Mangel oder Unglück aufkommen?

Wo sind deine Widerstände, wo sitzt das, was dich unzufrieden und unglücklich fühlen lässt?

Es hat seinen Anfang in deinen negativen, wertenden, urteilenden Gedanken! Hier erschaffst du dir alle Negativität, alles, was dich herunterzieht, was dich traurig oder lustlos sein lässt.

Also, warum entschließt du dich nicht, aufbauende, dich stärkende, ermutigende, positive Gedanken zu denken, solche, die sich gut anfühlen, und diejenigen zu lassen, bei denen du dich schlecht fühlst?

Fasse den bewussten Entschluss, dies zu tun, und setze es sofort in die Tat um! Jetzt gleich! Und wenn nun ein „Ja aber..." kommt, dann übe dich gleich hieran, nimm es wahr und nimm es einfach liebevoll an, aber schimpfe nicht gleich wieder mit dir, dass dieser Gedanke da war. Registriere ihn und dann wende dich in Liebe wieder dem Licht zu.

Spüre die Widerstände in dir und nimm wahr, dass du sehr oft gegen das bist, was gerade jetzt ist. Wie oft möchtest du es anders haben, als es ist! Wie oft bist du unzufrieden, weil du denkst, wenn es anders wäre, könntest du glücklich sein. Doch auch wenn es anders wäre, wärest du nicht glücklich, wenn du nicht das, was jetzt so ist, wie es ist, einfach in Liebe umarmst und vollkommen annimmst.

Diese Akzeptanz, dieses weite Herz, in dem alles Platz hat, lässt dich glücklich sein. Nur das völlige Annehmen dessen, was ist, bringt Zufriedenheit und Frieden.

Du hast noch nicht erkannt, dass alles ganz leicht und wunderbar harmonisch fließen kann, wenn du auf diese Weise loslässt und akzeptierst. Denn wenn du das tust, wirst du stets mit deiner inneren Quelle in Verbindung sein und stets das Richtige tun, was gerade zu tun ist. Du wirst diese wunderbare Führung vielleicht nicht einmal bewusst spüren und doch wirst du davon sicher und weise geleitet werden.

Übung

Loslassen

Sei jetzt für einen Augenblick ganz still.....

Übe es loszulassen.

Dazu ist keinerlei Mühe notwendig, lasse einfach alles so sein, wie es ist, und nimm dich nur wahr.....

Spüre dich und sei achtsam, mehr nicht. Drangsaliere dich nicht mit „Ich müsste doch..." oder „Ich sollte doch...", „Ich darf doch nicht..." oder „Ich kann doch nicht...".Nein, erlaube dir einfach, so zu sein, wie du jetzt bist!

Du bist wunderbar, du bist absolut einmalig, und du bist das, was ist!

Spüre die Liebe, die du dir selbst schenken kannst, berühre dich selbst zutiefst in deinem Herzen und umarme dich!.....

Lasse dich ein und hab keine Furcht! Alles ist gut!

Ein Strahl des Friedens möge dich jetzt in deinem Innersten berühren und die Liebe in einem mächtigen Strom durch dein Herz fließen. Lasse dich mittragen und spüre, wie gut es tut, zu lieben und geliebt zu werden.....

*D*as, was du in die Welt gibst, kehrt zu dir zurück!

Nur wenn du du selbst bist, wenn du das lebst, was du im Herzen spürst, wirst du im Frieden mit dir sein.

Nur wenn du dich nicht vom Verstand gängeln lässt und nicht alte Muster von Verletzungen, Schmerz und Leiden – in welcher Form auch immer – weiterträgst, kannst du im Frieden mit dir sein.

Löse die Begrenzungen, die durch die Bindung an Verstand und Emotionen entstehen, auf und sei frei!

Du sehnst dich nach Freiheit, diese kann sich jedoch nur zeigen, wenn du Meister deiner selbst bist, wenn du dich also selbst bemeistert hast. Dann wird es keine „Probleme" mehr geben, sondern du wirst einfach im Hier und Jetzt leben, voller Freude da sein und das göttliche Leben, das du bist, offenbaren.

*T*ue, was dich begeistert und dir Freude macht! So folgst du deiner Bestimmung!

„Irgendwann" – wann ist das? Willst du „irgendwann" glücklich sein? Das ist nicht möglich! Du wirst nicht „irgendwann" Erfolg haben, nicht „irgendwann" glücklich sein, du wirst nicht „irgendwann" besser leben.

Nein! Du kannst nur *jetzt* in diesem Augenblick leben, und du kannst auch nur *jetzt und hier* Glückseligkeit erfahren und im höchsten Sein verweilen.

Löse dich von Gedanken an das, was war, aber auch von Vorstellungen, wie die Zukunft aussehen soll. Verankere dich nur im Jetzt, denn nur im Jetzt lebst du und bist du! Nur *jetzt* geschieht Leben und jetzt BIN ICH bei dir.

Übe dich darin, dich zu spüren, das Leben in dir wahrzunehmen und einfach jetzt bewusst da zu sein. So kommst du in immer tieferen Kontakt mit dir selbst und wirst klarere Führung von deiner Quelle erhalten können.

ICH BIN der Atem des Lebens und die Macht der Liebe.
ICH BIN die Kraft, die in dir liegt.

*L*iebe dich selbst und nimm dich so an, wie du bist! Alles liegt in dir selbst!

*W*ichtig für das Gelingen einer Partnerschaft ist, dass es keine „Bedürftigkeit" gibt, dass der eine Partner nicht irgendetwas auffüllen soll, wo der andere einen Mangel spürt. Und auch hier gilt, je mehr du dich selbst liebst, in dir ruhst und dich so annimmst, wie du bist, desto mehr wird dies auf deinen Partner, wer immer es sei, und die Beziehung ausstrahlen und Positives bewirken können.

*D*ie Begeisterung für eine Sache und die innere Klarheit müssen stärker sein als die Angst vor Mangel an Geld oder was immer, dann wirst du die Kraft und den Mut bekommen, all das zu tun, wonach es dich drängt.

Deine Ängste werden dadurch möglicherweise nicht verschwinden, doch kannst du ihnen ins Auge blicken und sagen: Ich tue es trotzdem! Ich mache das! Ich weiß, was ich will!

Und dann wirst du alles schaffen, denn dein göttliches Selbst wird dir dabei helfen! Es hilft dir mit der nötigen Entschlusskraft und Klarheit, mit Kraft und Inspiration. Doch hast du zunächst zu entscheiden, was du tun willst. Dieser Entschluss muss von dir selbst kommen, aus deinem Herzen und ohne „Hintertürchen".

Du selbst sollst dir vertrauen, dies ist gleichbedeutend mit Gottvertrauen, denn du selbst, das ist Gott in dir! Du selbst bist Gott!

Übung

Ruhig bleiben

Wenn viel Arbeit auf dich wartet und du einen gewissen Druck spürst, dann sage dir beispielsweise:

Ganz ruhig... ganz ruhig... ganz ruhig... eins nach dem anderen.

Ich habe genügend Zeit...

Ich kann alles erledigen, was ich will.

Dann sei kurz still, gehe nach innen und spüre dich. Wiederhole diese Übung mehrmals am Tag, so wirst du ruhiger und gelassener eins nach dem anderen bewältigen können und immer noch genügend Zeit für dich haben.

*V*erurteile nichts, denn alles auf dieser Welt hat seine Berechtigung.

Erfülle dein Herz mit Freude!

Alles, was du mit Liebe anschaust, wird Schönheit offenbaren.

Wenn du den Menschen mit Liebe begegnest, werden sie Güte in deinen Augen sehen und Verständnis spüren.

*H*ättest du gerne einen persönlichen Meister für dich alleine? Damit können wir nicht dienen.

Natürlich hast du einen Meister an deiner Seite, doch ist es kein „persönlicher" Meister.

Weder ist der Meister eine Person, noch ist er für eine einzige Person zuständig. Die Person hat keinen Meister, aber das, was du wirklich bist, hat Verbindung zu ihm, wenn du bereit dazu bist.

In Wahrheit gibt es überhaupt keine Trennung zwischen *dir* und dem Meister, und wenn du dich ihm bewusst öffnest, wirst du alles erfahren können, was du wissen willst.

Gehe in die Stille, am besten in der freien Natur, und verbinde dich mit deinem Meister ganz bewusst. Rufe ihn und öffne dich, dann lasse los, sei ganz still und lausche nur. Er wird dir seinen Namen nennen und dir das Wissen geben, was für dich jetzt nötig ist.

Eines wird er dich vor allen Dingen lehren: tiefes Mitgefühl mit allen Wesen.

Was euch fehlt, ist immer nur Liebe!

So simpel das für euch klingen mag, so ist es doch die Wahrheit.

Wärest du erfüllt von Liebe, zu dir selbst, zum Leben, zu allen Wesen, zum Sein, dann könntest du keine negative Erfahrung mehr machen, denn die Liebe hebt jegliche Negativität auf.

*U*m zu spüren, was du wirklich tun willst, was „dran" ist, solltest du erst einmal vollkommen loslassen. Jetzt sind viel Anspannung und Druck im Inneren da, und du merkst selbst, dass du im Moment nichts erreichen kannst.
Also lasse los!

Bekräftige:

Ich akzeptiere, was jetzt ist!
ICH BIN frei, zu tun, was ich will.
Ich offenbare jetzt mein ganzes göttliches Potenzial.

Lasse wirklich los!
Denke nicht: „Ich muss doch..." und: „Ich sollte doch..."
Im Augenblick bist du sehr in deinem Denken verhaftet und in all den alten Glaubensmustern und Überzeugungen, die bisher Gültigkeit hatten, aus denen du aber jetzt heraustreten kannst, wenn du dich der neuen Energie öffnest und bereit bist, dich neu zu entscheiden und in der Liebesschwingung zu verweilen.

Triff den bewussten Entschluss und sprich dies laut aus:

Ich will jetzt meine Göttlichkeit manifestieren.

ICH BIN höchstes Bewusstsein und reine Gotteskraft!
ICH BIN frei.

Jedesmal, wenn du in dein altes Denken verfällst und dir Sorgen machst, erinnere dich und wiederhole diese Wahrheit. So kann sich genau das für dich eröffnen, was jetzt stimmig ist und was zu dir passt.

Die jetzige Zeit bietet die Möglichkeit, wirklich neu zu beginnen und den Weg klar zu erkennen.

Darum sei voller Zuversicht, bleibe ruhig und geduldig, vieles wird sich klären und neues Wunderbares wird sich manifestieren können.

*M*ehr Bewusstheit bringt Segen und Freiheit.

Goldener Lichtstrom

Ströme goldenen Lichtes fließen jetzt zu euch hinab. Mögen sie auf viele offene Herzen treffen, die für ein Leben in Liebe und Schönheit bereit sind.

Auch materielles Gold besitzt bei euch einen hohen Wert, und tatsächlich wirkt sich die goldene Farbe heilend und erhöhend auf euch aus.

Meditation

Schließt die Augen, seid ganz still und stellt euch nun vor, wie goldenes Licht euch ganz einhüllt und tief in jede einzelne Zelle eures gesamten Körperkleides strömt..... Es durchlichtet nicht nur den physischen Körper, sondern es wirkt heilend und segnend auf alle Körper, somit beseitigt es Dunkelheit im Denken, Fühlen und Wollen.

Verbindet euch nun mit diesem goldenen Lichtstrom, spürt seine Kraft, aber auch seine Zartheit, seine unendliche Liebe und die Glückseligkeit, die in ihm liegt.....

Stellt euch vor, wie ihr euch ganz diesem goldenen Strom überlasst, schwimmt mit ihm weiter und lasst euch jetzt an euren Bestimmungsort tragen.....

Hier könnt ihr erkennen, was ihr tun sollt, um euren Erdenplan zu erfüllen.....

Lasst einfach Bilder, Gedanken und Gefühle aus der Stille aufsteigen und schaut, welche Aufgabe ihr auf der Erde zu erfüllen habt.....

Atmet einige Male tief ein und aus und öffnet dann wieder die Augen.....

Das goldene Licht möge euch fortan begleiten und euch dienen auf dem Weg zu euch selbst. Tragt es achtsam wie einen irdischen Goldschatz bei euch und erinnert euch immer wieder daran, dass es im Herzen wohnt und dass keine einzige Sekunde vergeht, in der es euch nicht zur Verfügung stünde.

Meine geliebten Menschenkinder, die ihr wahrlich göttlich seid, ein jeder von euch hat spezielle Fähigkeiten, das wisst ihr bereits, doch setzt diese auch ein und bringt mit ihrer Hilfe mehr Schönheit und Freude in die Welt!

Wenn ihr tätig seid und dabei eure Talente einsetzt, macht das viel mehr Freude, als wenn ihr nur euren Job erfüllt und etwas tut, weil jemand anderer es von euch verlangt.

Ja, ihr Lieben, tut das, was euer innerer Gott von euch verlangt, und lasst all eure wunderbaren Fähigkeiten, die euch von der göttlichen Gegenwart in euch mitgegeben wurden, wunderbare Werke vollbringen und der Welt schenken. So seid ihr wahrlich göttlich und dient dem Ganzen.

Dies soll nun nicht heißen, dass ihr eure Pflichten vernachlässigt, denn diese zu erfüllen ist nötig und sinnvoll.

Doch auch in der Erfüllung der euch gegebenen Pflichten sollt ihr eure besonderen Fähigkeiten und Talente einfließen lassen und so beide Aufgaben gemeinsam erfüllen. Schaut gut hin, wie das für jeden von euch aussehen könnte, und wenn ihr in eurem Herzen forscht, werdet ihr sofort Möglichkeiten erkennen, beide Anforderungen in Einklang zu bringen und ein gemeinsames Agieren daraus entstehen zu lassen.

Vieles ist euch möglich, doch nutzt ihr lediglich einen kleinen Teil dieser Möglichkeiten. In Wahrheit steht euch die ganze Welt zur Verfügung, sie existiert allein, weil ihr sie in eurem

Bewusstsein tragt und weil ihr euch selbst darin erkennen wollt.

Nur durch dich ist die Welt für dich da, so nutze sie und genieße es, diese wunderbare Möglichkeit zu haben.

Es ist wahrlich ein großes Privileg, um das euch die Wesen anderer Dimensionen beneiden, auf der Erde zu sein und als Mensch zu leben!

Frieden und Gnade mögen stets mit euch sein.

*M*ache dich nicht abhängig von anderen Menschen, sondern höre allein auf dein eigenes Inneres.

Sieh dich als das, was du wirklich bist: ein funkelnder Diamant, der gerade noch den letzten Schliff erhält, ein göttliches Wesen voller Schönheit und Reinheit.

*D*ie Seele kennt den Weg!

Dein Herz weiß genau, wohin dein Weg führt, was du tun oder lassen sollst.

Alle Unsicherheit und Irritation kommen nur aus dem Verstand, aus Überlegungen, aus dem Denken, aus Vorstellungen und Meinungen. Um also Klarheit zu erlangen, musst du still sein und dir selbst vertrauen.

Klarheit entsteht nicht aus dem Verstand, sondern aus dem Herzen, nicht durch Denken, Beurteilen, Werten oder Einordnen, sondern durch innere Erkenntnis, durch Erspüren und Bewusstheit.

Bewusstheit und Erkenntnis erwachsen aus der Stille allein, darum bemühe dich, deinen oft lauten Verstand zu beherrschen, gehe immer wieder in die Stille, mache Atemübungen, verbinde dich mit ICH BIN und lasse geschehen.

Affirmation

ICH BIN Klarheit und inneres Wissen.
ICH BIN Licht und kenne den richtigen Weg.
ICH BIN Wahrheit in allen Dingen.
ICH BIN ruhig und vertraue dem Fluss des Lebens.

*V*erstehe, mein geliebtes Lichtkind, gerade durch dein Vertrauen und dein Loslassen wirst du richtig geführt. Gerade dadurch, dass du dich in die göttlichen Hände fallen lässt, wirst du getragen und brauchst dir keinen Kopf zu zerbrechen, was richtig oder falsch sei.

Gerade dadurch, dass du dich der inneren Führung überlässt, bewirkst du, dass du diese Führung bekommst, indem du dich ihr, oftmals unbewusst, anvertraust, dass du dann sozusagen automatisch das Richtige tust.

*D*ie beste Pädagogik, d.h. diejenige, die den Kinderseelen auf ihrem Weg Hilfe, Orientierung und Unterstützung gibt, ist die Pädagogik des liebenden Herzens! Es ist eine Pädagogik, in der Verständnis, Einfühlsamkeit und Vertrauen, aber auch klare Richtlinien und notwendige Grenzen eine Rolle spielen.

Außerdem wäre dienlich, mehr Freude und Kreativität mit einzubeziehen, so dass die Kinder und Jugendlichen mehr von sich selbst einbringen könnten. Und natürlich wäre sinnvoll, zu schauen, welche Inhalte wirklich vermittelt werden sollen und was nur unnötiger Ballast ist.

Kinder und Jugendliche sollten zu wahren Menschen erzogen werden, das heißt, in ihnen sollten Tugenden wie Mitgefühl, Toleranz, Verständnis, Achtung, Liebe zur Wahrheit und Güte gefördert und unterstützt werden.

Weiterhin könnte ihnen auch mehr Mitsprache und Freiheit eingeräumt werden, denn sie sind zu wesentlich mehr fähig, als ihnen oftmals zugetraut wird.

Dies ist jetzt nicht der Fall, oder nur bei wenigen Lehrern, die ein bestimmtes Bewusstsein haben, darum sind neue Wege dringend notwendig.

*A*lles, was geschieht, dient letztlich deinem Erwachen, also deiner inneren Entwicklung und der Selbsterkenntnis.

Mache aus deinem Herzen keine Mördergrube, wie ihr sagt. Lasse die Liebe frei fließen, doch ohne Erwartungen und bestimmte Vorstellungen. Liebe einfach – das ist alles.

Sei nicht im Kopf, sondern im Herzen!

Lasse dich von deinem Herzen führen, es weiß stets, was richtig und gut ist, nicht nur für dich, sondern auch für die Menschen, mit denen du zu tun hast.

Vertraue ganz auf deine innere Führung! Das ist, was ich dir ans Herz legen will.

So nimm meine Worte jetzt mit deinem Herzen auf und lasse alle Überlegungen, vor allem alle Ängste und Zweifel, los und lasse dich einfach vom Leben tragen.

Es ist viel einfacher, als du glaubst.

Liebe fließt jetzt von mir zu dir, mitten in dein Herz. Spüre es und erfreue dich daran!

Das Leben ist ein wunderbares Geschenk und eine große Gnade!

Affirmation

Egal, was geschieht, es ist in Übereinstimmung mit dem Höchsten.

Egal, was geschieht, ich akzeptiere es in Liebe.

Egal, was geschieht, ICH BIN.

Ich lasse jetzt vollkommen los.

Ich entscheide mich jetzt, nur dem Licht meines Herzens zu folgen und in der Schwingung der Liebe zu bleiben.

*G*eduld, Geduld, meine Lieben! Darum bitte ich euch wirklich von Herzen!

Wie lange habt ihr negative Gedanken gedacht, habt euch von Programmierungen und alten Verhaltensmustern leiten lassen?

Wie oft seid ihr in Ängste, Zweifel und schwächende Gedanken verfallen?

Wie oft am Tag denkt ihr positive Gedanken, seid ihr bewusst mit dem Licht verbunden und habt Kontakt zur Quelle in eurem Inneren?

Es sind beharrliches Üben und unablässiges Bemühen und Wollen nötig! Nichts Halbherziges, sondern der ganze Mensch ist gefordert.

Entscheide dich bewusst, aus der Bequemlichkeit herauszugehen und *jetzt* neu anzufangen. Dies muss ein bewusster Akt des Wollens sein, in den du deine ganze Kraft und deine *ganze Liebe* hineinlegst! Halbherzig funktioniert es nicht!

Ich liebe dich sehr, doch kann ich dir nicht helfen, wenn du nicht bereit bist, den ersten Schritt zu tun.

Wenn du dich von deinem Ego beherrschen lässt, das immer die Schuld für alles Negative im Außen sucht, so nutzen dir all meine Ratschläge wenig.

Der erste Schritt wäre, dass du dich entscheidest, nicht mehr Opfer zu sein, dass du bewusst wählst und die volle Verantwortung für dein Leben übernimmst.

Wisse, dass das Ego lieber im Alten verharrt, selbst wenn das noch so unangenehm, schmerzlich und dunkel ist, als etwas von seiner Macht abzugeben. Dies sollte dir bewusst sein, und dann kannst du erkennen, dass dein Ego viel Macht hat, dass du dem Verstand die Herrschaft überlassen hast und dass dies die wahre Ursache für alles Leiden, für allen Schmerz und jede Form von Negativität ist.

Lösung und Heilung können nur aus dem Inneren erwachsen, aus dem wahren Selbst, aus der Stille und aus der Liebe deines Herzens.

Darum wende dich immer wieder nach innen, sei still und spüre das Leben in dir. Nimm einfach wahr, was ist, beachte das „Gequassel" des Verstandes nicht, sondern bleibe ruhig und werte nicht über das, was du wahrnimmst.

*D*u bist stets geborgen in Gottes Hand, und Seine Liebe wird dich tragen und vor Übel bewahren.

Vertraue Gott in dir und lasse dich vom Herzen führen, dann kann dir nichts geschehen.

ICH BIN immer bei dir und Gottes Kraft in dir, darum fürchte dich nicht!

*W*eißt du, was dir fehlt? Es ist Selbstliebe und Selbstakzeptanz!

Nimm dich vollkommen an, akzeptiere dich in Liebe, nur dann kann das Leben frei fließen, und du kannst dich glücklich fühlen.

Im Geiste beginnt alles. Wie soll sich etwas Positives entfalten, wenn du an negativen Gedanken festhältst?

Dich selbst zu lieben, bedeutet auch, nachsichtig und geduldig mit dir selbst zu sein. Es bedeutet, Erwartungen und Ansprüche an dich selbst loszulassen und dich einfach so zu lieben, *wie du bist!*

Solange du dich zum Beispiel für krank hältst oder der Meinung bist, ein Organ sei unvollkommen, solange wirst du dies als Erfahrung erleben.

Wisse: In Wahrheit bist du gesund!

Gesundheit und Vollkommenheit sind dein Geburtsrecht!

Dass dies für dich nicht voll sichtbar ist, liegt daran, dass du Schleier darüber gelegt hast, die du aber auch wieder fortziehen kannst.

Gott liebt dich ohne jede Einschränkung, warum tust du es nicht ebenso?

Ich kann mit dir sprechen, wann immer du willst und wann immer du die Tore deines Herzens weit öffnest und bereit bist, die Wahrheit zu vernehmen.

*S*pürst du nicht, dass das, was dir das Leben schwer macht, allein dein Verstand ist? Dass es all die grüblerischen, zweifelnden, ängstlichen Gedanken sind, die dich negativ beeinflussen? Solange du dich mit ihnen identifizierst, wird sich nichts Gravierendes verändern können, egal, wo du lebst und was du tust.

Sich vom Alten zu lösen, kann zwar manchmal auch bedeuten, zum Beispiel eine bisherige Wohnstatt oder Tätigkeit aufzugeben, vor allem aber bedeutet es, alte Denk-, Glaubens- und Verhaltensmuster loszulassen und sich von überholten Vorstellungen und Überzeugungen zu trennen!

Tust du das nicht, bleibst du in der alten Schwingung und dann trägst du dein Päckchen immer weiter mit dir herum.

Bist du bereit, dich im Inneren zu „erneuern", vertraust du vollkommen auf die göttliche Weisheit in dir und lässt dich von ihr führen, dann können sich alle Dinge und Angelegenheiten leicht und zu deinem Besten regeln und lösen.

Mein Segen ist mit dir. Möge auch die Freude auf ewig in dir sein!

Affirmation

ICH BIN jetzt frei!
Ich will jetzt den Weg des Herzens gehen und dem Licht dienen!
Ich liebe mich so, wie ICH BIN.
Ich achte mich und ich entscheide mich jetzt für ein Leben in Liebe und Freude. ICH BIN jetzt frei!

*D*ein Geist ist stärker, als du glaubst!

Alle Probleme, alle Schwierigkeiten, auch jegliche Krankheit sind Lerngeschenke auf eurem Weg, damit ihr zu größerer Bewusstheit gelangt und mehr Liebe in euer Herz einlasst.

Eure Aufgabe ist, die Welt heller und strahlender zu machen!

Das erreicht ihr, indem ihr euch in die Schwingung der Liebe begebt und vor allem euch selbst liebt, achtet und wertschätzt.

Meditation

Liebesenergiestrom

Setze dich still hin, nimm im Geiste meine Hand und lege sie auf dein Herz.....

Spüre, wie ein mächtiger Strom von Liebesenergie jetzt in dein Herz fließt, es sich ausweitet und von dieser Liebe erstrahlen lässt.....

Nun lege meine Hand auf dein Haupt und spüre, wie auch hier die Liebesenergie in dich hinein fließt, wie dein Geist ganz weit und offen wird und du innere Klarheit und größere Bewusstheit erlangst.....

Meine Liebe ist mächtig und stark und doch sanft und still. Nimm sie mit jeder Pore auf und bade darin.....

Verweile in meiner Liebe, solange du willst und dich wohlfühlst.....

Dann atme mehrmals bewusst tief ein und aus und kehre in die irdische Welt zurück.

Wie sehr wünsche ich, dass du fröhlich sein, dass du voller Freude deinen Alltag bewältigen und dass du ein erfülltes Leben haben mögest!

Kein Leben muss hart und beschwerlich sein, wenn ihr nicht das Eure dazu beitragt.

Lasse dich von der zarten Liebesschwingung deines Herzens leiten und gehe diesen Weg bis zu dem Tor, wo die Freiheit auf dich wartet.

Der Segen des Höchsten ist mit dir.

*D*eine Aufgabe ist nicht, abzuheben, nur noch geistige Übungen zu machen und in „himmlischen Sphären" zu schweben, sondern du hast Tag für Tag deine irdische Aufgabe so gut zu erfüllen, wie es dir möglich ist, und deinen Alltag zu bewältigen, allerdings mit Achtsamkeit und Wachheit.

Hier kannst du am besten üben, aus dem Geiste zu leben, denn gerade im Alltag fällt euch das am schwersten.

Darum geht es ja: In jeder Minute des ganz normalen Lebens bewusst zu sein und Himmel und Erde zu verbinden. Wie willst du Himmel und Erde verbinden, wenn du über der Erde schwebst?

Nur im Alltag kann dies ganz konkret geübt und praktiziert werden. Hier kannst du auch genau sehen, wo du stehst, wo es noch „hapert" und wo du etwas lernen kannst.

*S*chaut viele Male am Tag auf die Dinge, die Menschen, die Fähigkeiten und Möglichkeiten, die ihr habt, und nicht auf das, was euch vermeintlich fehlt oder wovor ihr euch auf Grund von Nichtwissen fürchtet!

Dadurch kann sich eure Lebensqualität sehr verbessern, und ihr könnt viel gelassener und ruhiger in den Tag und an die Arbeit gehen!

Wisset, dass wir immer mit euch sind und euch bei all euren Vorhaben unterstützen! Ihr seid niemals allein!

Die Liebe ist das, was euch leben lässt, was euch Kraft und Zuversicht geben kann, darum bleibt in der Liebe und bleibt ihr und euch selbst treu!

Mein Segen ist mit euch!

Reine Liebe

Ihr wundervollen Sternenkinder, ihr werdet immer geliebt! Glaubt nicht, dass wir euch nicht mehr lieben würden, wenn ihr vermeintliche Fehler macht, wenn ihr etwas sagt, denkt oder tut, was nicht euren Mustern oder Vorstellungen entspricht, wenn ihr eurer Meinung nach versagt oder euer Soll nicht erfüllt habt.

Wir lieben euch immer!

Ihr könnt unsere Liebe niemals verlieren, ganz egal, wie ihr euch verhaltet, welcher Arbeit ihr nachgeht, wo ihr seid oder welche Bedingungen ihr auch immer daran knüpft, der Liebe wert zu sein.

Ihr müsst euch unsere Liebe nicht erarbeiten! Ihr seid ihrer niemals „unwert"! Ihr habt es immer verdient, geliebt zu werden, ihr seid göttliche Geschöpfe, ihr tragt das Licht in euch.

Wir lieben euch bedingungslos!

Wahre Liebe stellt keine Forderungen, sie beurteilt dich nicht, sie steckt dich nicht in eine Schublade, und sie vergleicht dich nicht mit anderen Menschen.

Die Liebe, die ich meine, ist vollkommen rein. Sie sieht – auch in dir – das Gute, Reinheit, Schönheit, Göttlichkeit. Liebe ist ununterbrochen da, sie umgibt dich wie die Luft zum Atmen, sie erfüllt jede Zelle deines Körpers, ohne dass du das weißt oder spürst. Sie ist somit immer und überall vorhanden. Sie ist das Sein, sie ist dein innerstes Wesen, sie ist das, was dich in jedem Moment trägt, stärkt, belebt und erschafft.

In dir gibt es einen grenzenlosen Raum, und dieser Raum ist erfüllt von grenzenloser Liebe. So trägst du das Kostbarste in dir, was es gibt.

Darum ist es so wichtig, dass du dich immer wieder nach innen wendest, in die Stille gehst und dich in diesen Liebe erfüllten Raum begibst. Hier warten vollkommene Erfüllung, tiefer Frieden und überschäumende Freude auf dich.

Alles, was wir dir mitteilen, soll dazu dienen, dass du erkennst, dass du diese göttliche Liebe selbst bist! Dass du stets Zugang dazu hast, dass du sie dir weder erarbeiten noch verdienen kannst, dass du lediglich alles zu lassen brauchst, um ganz darin aufzugehen.

Lasse die Dinge einfach so sein, wie sie sind, dann kann sich das Wesen aller Dinge entfalten. Das Wesen aller Dinge, die Essenz, die in allem enthalten ist, ist göttliche Liebe. Bist du in der Liebe, dann kannst du die Wahrheit des reinen Seins erkennen.

*J*eder Prozess, jegliche Entwicklung verläuft niemals geradlinig, sondern stets in Phasen, immer wird es ein Auf und Ab geben, niemals absolute Gleichförmigkeit. So nimm auch die Phasen an, in denen du *glaubst*, es tue sich nichts, doch stimmt das natürlich so nicht. Dein Verstand will dich das glauben machen, aber Verwandlung geschieht unablässig, und auch bei dir geschieht Veränderung im Inneren, ohne dass du dir dessen immer bewusst bist.

Je mehr du loslässt und dich nicht an ein bestimmtes Ziel klammerst, desto leichter kann gerade das zu dir kommen. Natürlich ist dein Wille entscheidend, doch das anschließende Loslassen ist ebenso wichtig!

Mache dir klar, was du wirklich willst, dann lasse los und sei dir bewusst, dass nun die innere Führung dafür sorgen wird, dass alles so geschieht, wie es zum Besten ist.

*W*ichtiger als die äußeren Angelegenheiten sind der Friede im Inneren, die Freude im Herzen und die Stille in dir! Hier liegt die Lösung für alle Probleme und für jeglichen Aufruhr im Außen.

Schau, dass du täglich in die Stille gehen kannst, um dich selbst zu spüren, dich zu zentrieren und Kraft aus der Quelle zu schöpfen. Nur so wirst du zur Ruhe kommen und deine jeweiligen nächsten Schritte klar erkennen können.

Lache und freue dich – Grund dafür gibt es immer, und allein, dass du *bist*, ist Grund genug!

Befreite Seelen

Kommt eine Seele freiwillig auf die Erde zurück, um den Menschen zu dienen, bedeutet das, dass sie die Welt der Illusion überwunden hat und im höchsten Gewahrsein weilt. Hier wird kein neues Karma angesammelt, da sie stets aus reiner Absicht und dem höchsten Sein heraus agiert und somit kein neues Karma entstehen kann.

Es gibt nur wenige solcher befreite Seelen, die es auf sich nehmen, freiwillig nochmals ein irdisches Leben zu leben. Ihre Liebe zu den Menschen und ihr Mitgefühl sind jedoch so groß, dass sie sich dazu entschließen.

Doch woher kannst du wissen, ob eine Seele freiwillig inkarniert hat oder nicht, was ist hierfür ein Zeichen?

Wenn du bemerkst, dass ein Mensch seine Kraft verliert, dass sich die Seele im Irdischen verstrickt, dann bedeutet dies, dass sie noch nicht vollendet war, dass sie nicht vollkommen befreit war von alten Fesseln der materiellen Welt, dass sie nicht vollkommen im höchsten Sein weilte.

Für eine Seele, die schon sehr weit in ihrer Entwicklung ist – bitte verstehe, dass dies nur Metaphern sind, die nicht der Wirklichkeit entsprechen! –, werden die Prüfungen immer schwieriger, Versuchungen subtiler, und sie muss sehr, sehr achtsam sein und große Bewusstheit erlangt haben, um diese zu bestehen bzw. zu überwinden.

Manchmal gelingt es nicht, die letzten Hürden zu nehmen, und die Seele fällt wieder zurück und lässt sich von dunkleren Schwingungen beeinflussen und strauchelt.

Doch gewiss ist auch, dass, wenn der Funke einmal entzündet wurde, dieses Licht niemals mehr verlöschen wird und die göttliche Kraft wieder neu zu Tage treten und eine neue Sehnsucht erwecken wird.

So wird die Seele wieder anfangen, sich zu erinnern, und neu beginnen, das Licht zu verstärken, und sich bemühen, sich aus alten Verhaftungen zu befreien.

Keine Seele ist jemals verloren!

*L*iebe ist die Essenz.

Liebe belebt alles, und Liebe ist der „Klebstoff" einer harmonischen Beziehung.

Wo keine Liebe ist, werden Schwierigkeiten, Streit und Unzufriedenheit auftauchen.

*W*isse, mein geliebtes Gotteskind:
ICH BIN immer bei dir, so bist du niemals allein!
Gehe in die Stille und wisse:
Hier BIN ICH!
Hier sind Einklang und vollkommenes Sein.
Hier ist alles in Ordnung!
Letztlich ist alles heil! Dies ist das höchste Bewusstsein, welches du erlangen kannst.
Wenn du erkennst, dass du heil *bist*, dass du vollkommen bist, dass du reines Sein bist, welches keinen Anfang und kein Ende hat, dann wirst du Glückseligkeit erleben.
Alles ist EINS! Alles ist wahrlich EINS!

Mein Sternenkind, suche Sicherheit nicht im Außen, sondern allein in dir!

Nur in deinem Inneren kannst du Stille, Klarheit und Sicherheit finden.

In dir liegt alles Wissen, auch kennst du die Antworten auf alle Fragen, die wichtig sind oder beantwortet werden sollten.

Vertraue dir selbst!

Wende dich oftmals nach innen, sei einfach still und lasse die göttliche Stille in dir wirken.

Vertraue auch dem Leben selbst, vertraue dich ihm an. Dann kannst du erleben, dass es dich weitertragen wird, und neue Gegebenheiten können sich eröffnen. Du kannst immer wählen, ob du sie ergreifen willst und wie dein Weg weitergehen wird. So wähle weise und bewusst und sei dir immer über deine Absicht und deine Motive im Klaren.

Löse dich aus Zwang und Einengung, indem du erkennst, dass du *frei bist!*

Nimm meinen Segen entgegen und wisse, dass ICH stets bei dir BIN, jetzt und allezeit!

*W*äre deine Absicht immer nur die, andere zum höchsten Bewusstsein zu führen, dann würdest du erkennen, dass nichts anderes dafür nötig ist, als dass du selbst in diesem Bewusstsein verweilst und die anderen daran teilhaben können – ohne dass du irgendetwas tun oder verbessern müsstest.

Wenn du im höchsten Sein ruhst, erkennst du die Vollkommenheit aller Dinge. Dann hättest du nicht den Wunsch, etwas Vollkommenes noch verbessern zu wollen.

Das Glück liegt im Innern!

Ihr Lieben, alles, was ihr für ein erfülltes, wunderbares Leben braucht, habt ihr bereits! Ihr tragt alles in euch, was dazu nötig ist! Und nur *jetzt* in diesem Augenblick und *hier* an diesem Ort ist es möglich, glücklich zu sein! Ihr müsst wissen, dass es nicht von äußeren Dingen, Menschen oder Umständen abhängig ist, sondern allein von euch selbst.

Ein glücklicher Mensch kann in größter materieller Armut glücklich sein, ein an irdischen Gütern reicher Mensch kann in seinem Inneren unglücklich und einsam sein.

Darum hört auf, im Äußeren nach dem Glück zu suchen! Trachtet danach, die Tiefen eurer Seele zu ergründen und euer Herz ganz weit zu öffnen, so dass die ganze Welt darin Platz hat.

Glücklich werdet ihr dann sein, wenn ihr aufhört, zu vergleichen und etwas abzulehnen oder etwas zuzustimmen.

Die Wahrheit ist einfach das, was ist. Also strebt danach, die Wahrheit zu erkennen. Die Augen des Herzens helfen euch dabei, denn der Verstand sieht alles durch eine Brille, die verzerrt und verfälscht. Euch ist nicht klar, *wie* stark eure Welt geprägt ist von euren Meinungen, Glaubensmustern, Vorstellungen und Urteilen und auch von Ängsten und Unwissenheit.

Es sind immer euer Standpunkt und eure innere Haltung, die alles einordnen, und euch somit unfrei machen und ein Gefängnis um euch bauen.

Wie könnt ihr euch aus diesem selbst erbauten Gefängnis befreien? Indem ihr euer Bewusstsein schult und seht, was ist. Indem ihr euch beständig darin übt, ganz achtsam den jetzigen Moment wahrzunehmen, indem ihr euch selbst in diesem Augenblick ganz wach wahrnehmt. Dies bedeutet, dass ihr euch beobachten sollt, um zu spüren, was jetzt gerade ist.

Was spürt ihr jetzt? Welche Gefühle sind da? Welche Empfindungen sind in eurem Körper? Was bewegt euer Gemüt? Wie fühlt ihr euch? Welche Gedanken gehen euch durch den Kopf und was spürt ihr dabei?

Diese Selbstbeobachtung bringt euch direkt zu euch selbst, sie lehrt euch, auch eure Gefühle wieder ganz wach und bewusst wahrzunehmen, und bringt euch tiefes Selbstverständnis. Denn oftmals seid ihr euch selbst ein großes Rätsel! Ihr tut Dinge, die ihr eigentlich nicht tun wollt, und wisst nicht, warum. Ihr denkt Gedanken, die nicht gut für euch sind, und wisst nicht, warum ihr es nicht lasst; ihr pflegt manchmal den Umgang mit Menschen, bei denen ihr euch nicht wohlfühlt, und wisst doch nicht, weshalb ihr euch nicht einfach von ihnen verabschiedet.

Es ist ein königlicher Weg in die wahre Freiheit, wenn ihr dies übt: jeden Augenblick einfach wach zu sein und bewusst wahrzunehmen, was gerade ist, im Außen wie im Inneren.

Ihr braucht keine komplizierten Techniken zu erlernen oder schwierige Übungen zu machen, es ist allein mehr Bewusstheit nötig, um zu erwachen!

Mehr Bewusstheit ist aber gleichzusetzen mit einem weiten, offenen Herzen, in dem die ganze Welt Platz hat. Deshalb bitte ich euch immer wieder, alles in Liebe zu umarmen, denn dadurch weitet ihr Herz und Bewusstsein aus.

Indem ihr Ja sagt zu allem, was ist, könnt ihr es in seiner Wirklichkeit erfassen ohne die Begrenzungen des Verstandes.

Übung

Jetzt bitte ich euch, für einen Moment die Augen zu schließen und das in die Tat umzusetzen, was ich soeben gesagt habe. Also seid ganz wach, seid euch eurer selbst bewusst und spürt, was jetzt ist. Spürt eure Gefühle, spürt die Empfindungen des Körpers, nehmt eure Gedanken wahr und was sie in euch auslösen. Spürt innere und äußere Bewegungen und nehmt dies alles hinein in euer Herz. Umarmt euch selbst voller Liebe und Nachsicht und sagt Ja zu dem, was ist, zu dem, der ihr seid!.....

Wenn ihr wollt, könnt ihr die Augen jetzt wieder öffnen.

Akzeptanz fällt euch sehr leicht bei netten Menschen, schönen Situationen und angenehmen Dingen, doch wie ist es bestellt damit, wenn jemand garstig, eine Situation schwierig oder eure Lage unangenehm ist, akzeptiert ihr das dann auch aus ganzem Herzen oder lehnt ihr es ab und wehrt euch dagegen?

Wenn euer Herz von göttlicher Liebe erfüllt ist, so wird es keinen Widerstand geben, es wird alles in Liebe annehmen und nichts und niemanden zurückstoßen.

Darum seid willens und bereit, euer Herz immer mehr zu öffnen, es ganz weit werden zu lassen und mehr und mehr Liebe zu verströmen.

Wie könnt ihr lieben, wenn ihr eine ablehnende Haltung habt? Das ist nicht möglich. Ihr könnt nur lieben, wenn ihr annehmt und gütig seid.

Gott liebt euch über alle Maßen, er verurteilt euch nicht, er mäkelt nicht an euch herum, er liebt euch genau so, wie ihr jetzt gerade seid! Habt ihr dann nicht auch allen Grund, dies ebenso zu tun? Seid ihr es dann nicht wert, euch zu achten und als wertvoll zu betrachten?

Jeder von euch ist ein funkelnder Diamant, den es im ganzen Universum nur ein einziges Mal gibt – welch eine Kostbarkeit bist du also!

Manche dieser Diamanten befinden sich noch im Anfangsstadium des Abschleifens, andere schillern schon in unglaublicher Pracht, andere sind ganz vollendet und verkörpern absolute Reinheit und klarstes Bewusstsein.

Die „Schleifmaschine", die auch aus den unansehnlichsten Steinen eine funkelnde Kostbarkeit macht, ist das Leben selbst! Hier werden Ecken und Kanten abgeschliffen, und die wahre Schönheit kann dadurch immer deutlicher hervortreten. Diese Klarheit und Vollkommenheit ist bereits in jedem Stein vorhanden, und wenn die Verschmutzungen entfernt werden, wird die ursprüngliche Reinheit sichtbar.

Ich sehe in jedem von euch den reinen Diamanten. Öffnet die Augen des Herzens, dann könnt ihr dies ebenfalls erkennen, nicht nur in euch selbst, sondern in jedem Wesen.

Seid jetzt nochmals für einen Augenblick ganz still, nehmt meinen Segen entgegen und spürt, dass ich jetzt ganz nah bin. Fühlt die Wärme und Liebe im Herzen und wisset: **ICH BIN DAS!**

*D*u bist ein vollkommenes, liebenswertes Geschöpf, wir achten und ehren dich sehr! Allein dadurch, dass du dieses Leben gewählt und dich bereit erklärt hast, diesen Weg zu gehen, zeigst du Größe und Weisheit.

*D*er große Schritt, der ansteht, ist der Schritt in die wahre Freiheit. Es ist der Punkt, wo sich das Ego auflöst und die ganze göttliche Pracht hervortritt. Dieser Schritt steht *jetzt* an – wann sonst?! Er kann immer nur im Jetzt geschehen!

Wann, nach irdischer Zeit, dieser Jetzt-Zeitpunkt für dich ist, entscheidest du selbst. Dies kann noch heute sein, in einem Jahr oder in dem Augenblick, wenn du den irdischen Leib ablegst, es kann aber auch im nächsten Leben sein. Doch möglich ist es immer nur *genau jetzt!*

Die Urangst vor dem Tod hat dich seither davon abgehalten. Es ist die Angst der Persönlichkeit, zu sterben und „weg" zu sein. Du musst die Angst vor dem Nichts überwinden und dann den Schritt tun. Doch wisse, dass es letztendlich nicht ein wirkliches Tun ist, sondern ein absolutes Loslassen, ja eher ein Nicht-Tun, denn gerade das Tun ist mit dem Ego verbunden und verhindert diesen Schritt.

Du kannst dir dieses Ereignis nicht vorstellen, es geht über deine Vorstellungskraft hinaus und hat nichts mit den sonstigen irdischen Erfahrungen zu tun. So lasse dich überraschen und sei einfach offen und bereit und bemühe dich unablässig, das Licht und die Liebe in dir zu vergrößern und dein Herz rein zu machen. Damit öffnest du das Tor in die Freiheit.

ICH BIN das Licht, das du ausstrahlst.
ICH BIN die Liebe, die in deinem Herzen wohnt.
ICH BIN das, was du bist!
ICH BIN bei dir allezeit.
Ich segne dich.

*S*uche nicht im Außen!

Egal, was du für dich wünschst, erwarte nicht, dass andere Menschen es dir geben könnten!

Beginne stets bei dir selbst, denn hier liegt der Anfang für alles.

Setze nicht alle Hoffnung auf äußere Mittel oder auf bestimmte Methoden oder Menschen, sondern setze die Hoffnung auf die göttliche Kraft in dir selbst!

Wenn du dieser Kraft vertraust, werden genau die richtigen äußeren Mittel und Menschen auf dich zukommen, die dich unterstützen können.

Höre auf dein innerstes Gefühl und lasse dich von ihm führen, so wirst du nichts Falsches tun.

Welches Ziel willst du erreichen?

Sei in tiefer Liebe gegrüßt.

Es werden viele Wege gelehrt, viele Übungen gegeben, vieles wird getan und praktiziert, und natürlich hat alles seine Berechtigung. Immer soll der Mensch das tun, was er in diesem Augenblick für richtig hält und was sich für ihn stimmig anfühlt. Aus höchster Sicht jedoch ist keinerlei Tun nötig – ja, gar nicht in der Lage – dich zur Erkenntnis der Wahrheit zu bringen, denn es geht hier nicht ums Tun, sondern um einen Bewusstwerdungsprozess, um ein inneres Erkennen dessen, was bereits *ist*.

Alle „Wege" führen letztendlich an den einen Punkt, wo du erkennen musst, dass du bereits all das bist, was du erreichen wolltest, dass du bereits alles Wissen in dir trägst, wonach du gesucht hast. Du hattest lediglich keinen Zugang dazu. Wenn du erwachst, werden dir sofort alles Wissen und höchste Erkenntnis zugänglich sein.

Jegliches Bemühen und Ringen um Erkenntnis ist niemals unnütz, denn es führt zwar nicht direkt zur Erleuchtung, aber es befähigt dich, ruhiger zu werden, wacher und aufmerksamer zu werden und so Schleier aufzulösen, die die Wahrheit, welche jetzt bereits da ist, verdecken.

Es ist so, dass dir alles Tun und Streben dabei hilft, wach zu sein, damit du sozusagen die Augen offen hast, wenn die Erleuchtung dich trifft. Sie „herbeibringen" oder dich dadurch der Erleuchtung näherbringen kann keine Übung, kein Streben, kein Erlangen von Wissen oder dergleichen.

Es geht also nicht darum, mehr Wissen zu erlangen, es geht darum, die Augen für die Wahrheit zu öffnen und zu erkennen, wer du wirklich bist!

Du kannst natürlich weiter lernen, praktizieren und üben, denn es hilft dir dabei, zu erkennen, was *nicht* wirklich ist, und was du *nicht* bist. Doch sei dir dabei einfach bewusst, dass immer dein Ego beteiligt ist, denn du strebst nach mehr Wissen, danach, etwas zu erreichen, einen Weg zu gehen, um dies oder das zu werden usw. All das hängt mit dem Ego zusammen, das eben glaubt, es könne oder müsse noch etwas verbessert werden, du seiest noch nicht vollkommen.

Es weiß nichts davon, dass du das Eine bereits bist! Dass du nur aufzuwachen brauchst, um aus der Illusion herauszutreten ins zeit- und grenzenlose unendliche Sein der höchsten Wahrheit.

Jeder Mensch geht den Weg, der ihm richtig erscheint. Das ist in Ordnung. Solange er glaubt, einen Weg gehen zu müssen, um ein Ziel erreichen zu können, muss er diesen Weg so lange gehen, bis er erkennt, dass er schon immer am Ziel war! So muss am Ende jeden Weges losgelassen werden, zuletzt eben auch dieser Wunsch, das Ziel zu erreichen, erleuchtet zu werden oder was immer du dir als Ziel gesetzt hast.

Darum ist dienlich, jetzt loszulassen und ganz im Hier und Jetzt einfach zu *sein*. Nur da zu sein, das Leben in dir zu spüren in jedem Augenblick, kann dich von der Bindung an die Welt befreien.

Ich umarme dich. ICH BIN grenzenlose Liebe und *das bist du*! Segen sei mit dir!

*W*as ist das Wesen der Liebe?

Auszustrahlen, sich hinzugeben, alles darin einzuschließen und nichts abzuwehren!

Wenn du in der Liebe bist, so kannst auch du nichts ablehnen oder dich etwas widersetzen, denn die Liebe umarmt alles, schließt alles ein, nimmt alles ins Herz hinein, sagt Ja zu dem, was ist.

Zuallererst heißt das, dich selbst in Liebe anzunehmen, dich selbst zu achten und liebevoll mit dir zu sein, dann kannst du auch den anderen achten und ihm Liebe geben.

Dich selbst anzunehmen, dazu gehört auch, dass du deine Gefühle und Bedürfnisse wahrnimmst, ernst nimmst und dich ihnen öffnest.

*S*ei aus dem Lichte gegrüßt und lasse dich in meine Arme schließen, mein gesegnetes Kind des Lichtes!

Das, was dir das Leben dunkel und schwer macht, ist dein Widerstand, das Nichtannehmen dessen, was jetzt gerade ist.

Was steckt dahinter?

Es ist dein urteilender, wertender Verstand, der die Umstände und dein Befinden vergleicht, analysiert und bewertet. Und dann fällt er ein negatives Urteil: So, wie es ist, sei es nicht in Ordnung, es müsste anders sein, es müsste verbessert werden, es *ist nicht gut.*

Damit trennst du dich aber von der göttlichen Quelle in dir ab, und dies führt zu Blockierungen des Energiestroms und damit zur Verdunkelung des Lichtes.

Was meinst du also, was hilfreich sein könnte?

Ja, es ist das vollkommene Akzeptieren dessen, was ist!

Gibst du deine inneren Widerstände auf, sagst du Ja zum gegenwärtigen Moment, dann kann sich alles Dunkle auflösen, dadurch, dass du wieder in der Liebe bist und deine Schwingung anhebst.

Nichts kann dir geschehen, was nicht in irgendeiner Weise mit dir zu tun hat oder dich betrifft. Also nimm alles mit dankbarem und demütigem Herzen an und wisse, dass es Lerngeschenke sind, an denen du erstens erkennen kannst, wo du wirklich stehst, und zweitens geläutert wirst und reifen kannst.

Eine offene, dankbare Haltung bringt stets Licht und Segen in eine Situation, wobei Widerstand und Auflehnung das Gegenteil bewirken.

*D*u hast *jetzt* die Möglichkeit, dich zu entscheiden – für die Liebe und ein freies Leben oder für ein Leben in Verhaftung und mit Widerstand.

Es werden immer wieder Schwierigkeiten auftreten oder es wird Probleme geben, doch wie du damit umgehst, wie deine innere Haltung dazu ist, hieran kannst du etwas verändern, wenn du es willst.

Daran, *dass* etwas geschieht, könnt ihr oftmals nichts ändern, doch daran, wie ihr dazu steht, sehr wohl.

Hierin liegt dein freier Wille: etwas in Liebe anzunehmen oder es abzulehnen.

Bist du voller Vertrauen, dass das, was geschieht, in Gottes Ordnung ist, dass es für alle Beteiligten das Beste ist, so wird dein Herz die Umstände in Liebe annehmen können, ganz gleich wie sie auch sein mögen.

Wenn du wirklich vertraust, wirst du im Frieden sein, im Frieden mit dir und im Frieden mit der Welt.

*D*eine Persönlichkeit weiß niemals, was wirklich gut für einen anderen Menschen ist, warum machst du dir also so viele Gedanken oder Sorgen? Damit ziehst du dich selbst auf eine dunklere Ebene herunter.

Stattdessen bemühe dich, dich zu zentrieren, die Verbindung zur Herzebene aufrechtzuerhalten und heilende, segnende und stärkende Gedanken zu denken. Indem du deinen Geist mit Licht erfüllst, wirst du dieses ausstrahlen auf alles um dich herum.

Affirmation

Ich liebe und achte mich.
Ich manifestiere jetzt meine Göttlichkeit.
ICH BIN reines, strahlendes Licht.
Ich strahle jetzt Licht und Liebe aus.
ICH BIN geborgen in Gott.

Vertraue deiner inneren Stimme, sie führt dich weise, wenn du es zulässt.

Gehe unbeirrt deinen Weg, dann sollen leuchtende Blumen darauf wachsen und Freude soll dein Leben erfüllen.

Wir sehen es gerne, wenn du lachst, es erhellt nicht nur dich, sondern auch alles in deiner Umgebung!

*D*einen Alltag zu bewältigen und dabei in der Liebe zu bleiben, vertrauen zu lernen und dich darin zu üben, Gelassenheit zu entwickeln, all dies erfordert ständiges Üben, Disziplin und Aufmerksamkeit.

Sei also wach und lerne, dich immer wieder zu spüren, deine Gedanken zu kontrollieren und dich nicht selbst zu verurteilen.

Die Liebe muss bei dir selbst anfangen, wie sonst solltest du sie anderen Menschen schenken können, wenn du an dir selbst noch etwas auszusetzen hast?

Gelassenheit erwächst dir aus dem Wissen, dass in Wahrheit alles gut ist. In diesem Wissen kannst du auch jeweils das, was ist, liebevoll und demütig annehmen, ohne dagegen zu rebellieren und anzukämpfen.

Kampf und Widerstand erzeugen Gegenwehr und Druck, was eine Sache nur verschlimmert. Bleibst du hingegen ruhig und in der Schwingung der Liebe, so wird sich dies auch im Außen widerspiegeln.

Diese Zeit erfordert ein weites, offenes Herz, wenn du ein gutes Leben führen willst.

Quantensprung am 18. 9. 2007

Alles beginnt im Bewusstsein. Alles, was ihr wahrnehmt, ist abhängig von eurem Bewusstsein und auch, was ihr erlebt, hängt vom Inhalt eures Bewusstseins ab. Ihr könnt also nichts erleben oder erfahren, wozu es in euch keine Resonanz gibt, oder wofür ihr nicht zuvor den Samen gesät habt.

Dein Leben entsteht in dir selbst!

Zu bestimmten Zeiten, an bestimmten Tagen oder Stunden fließt Energie zu euch, die eine besondere Qualität hat, die stärker ist als zu anderer Zeit und bestimmte Fähigkeiten in euch fördern oder ans Licht holen kann.

Seid jetzt ganz still und lauscht kurz nach innen. In deinem Herzen wohnt die Wahrheit, und du hast jederzeit Zugang dazu. Wenn du dort vernimmst, dass heute ein „Quantensprung" stattfindet, so findet er für dich statt. Ist jemand unbewusst und an die irdischen Fesseln gebunden und im Ego verstrickt, so wird er nichts von einem solchen Ereignis bemerken oder davon profitieren. Auch hier ist der Grad der Bewusstheit entscheidend.

Selbst wenn es wahr ist, dass heute ein solcher „Quantensprung" geschieht, so möchte ich euch doch daran erinnern, dass euch die geistige Beschäftigung mit diesem Ereignis nicht davon abhalten soll, euch im Jetzt zu verankern, euch jetzt zu spüren und bewusst da zu sein.

Selbst solch ein bedeutungsvolles Datum sollte euch nicht dazu veranlassen, euch in Überlegungen zu verlieren, was daraus entstehen könnte, wohin das führen werde, was es für euch bedeute usw. All diese Überlegungen sind Spekulationen und haben mit der Wahrheit nichts zu tun.

Die Wahrheit ist: Du bist jetzt und hier!

Dein göttliches Sein findet jetzt und hier statt, alles andere ist unwesentlich.

Somit möchte ich euch wieder einmal bitten, euch zu spüren und nur einfach das wahrzunehmen, was jetzt ist! Nur so, Quantensprung hin oder her, werdet ihr euer göttliches Sein offenbaren, göttliche Schönheit ausstrahlen und euer Leben zu einem Zeichen eurer göttlichen Abstammung machen.

Es *ist* ein besonderes Datum, denn die Neun zeigt an, dass ein Zyklus zu seinem Ende kommt und ein neuer auf einer höheren Ebene beginnt. Und dass die Neun dreimal erscheint, zeigt, dass alle Ebenen eures Bewusstseins davon betroffen sind sowie auch alle Ebenen eurer Welt.

Ihr habt einen langen Weg hinter euch, und die Welt stand mehrmals am Abgrund ihrer Existenz. Jetzt seid ihr soweit, dass ihr nicht mehr befürchten müsst, dass sie untergehen wird, denn ihr habt ihr durch eure Arbeit und eure Entwicklung geholfen, sich ebenfalls in eine höhere Frequenz zu erheben.

Viel Dunkles zeigt sich noch, doch das Licht ist bereits so hell und so viele Menschen gibt es, die dem Lichte dienen, dass die Erde gerettet werden kann.

Viele große Lichtwesen versammeln sich heute um die Erde, um sie mit ihrer Energie, ihrem Licht und ihrer Liebe zu unterstützen, denn in der Tat findet so etwas wie eine Neugeburt statt.

Wir, viele Meister, Engel und andere Lichtwesen, bilden einen großen Ring um die Erde und halten unsere Hände über sie und lassen unsere Energie zu ihr strömen.

Wenn ihr empfänglich seid, könnt ihr dies spüren, sobald ihr in die Stille geht und euch darauf einstimmt. Tut dies mit der reinen Liebe eures Herzens und ohne Erwartung und Anspannung. So soll es zum größten Wohle und Segen für euch sein!

*L*asse los und lebe!
Lebe und freue dich, was willst du mehr?!

*M*ein geliebtes Kind,

ICH BIN bei dir alle Tage bis ans Ende der Welt!

ICH BIN bei dir in der Freude und in der Not.

In hellen und in dunklen Stunden begleite ICH dich,

denn ICH BIN dein Atem,

ICH BIN das Leben in dir,

ICH BIN die Weisheit deiner Seele und das Licht deines Herzens.

ICH BIN du selbst!

ICH BIN das, was du bist!

Ist das nicht wunderbar?

Sei dir all dessen bewusst und erinnere dich immer wieder an diese Wahrheit.

*E*ine Verbesserung, was gleichbedeutend ist mit Veränderung, kann nur geschehen, wenn dein Bewusstsein sich wandelt und ausweitet.

Hier beginnt alles: in dir! Nicht im Außen, nicht mit anderen Menschen oder mit Mitteln und Praktiken. Es fängt alles in deinem Geiste an! Hier erschaffst du dir deine Realität. Hier sitzt somit auch deine Macht, Dinge und Umstände zum Besseren hin zu verändern. Und wenn sich in dir etwas wandelt, dann muss sich dies auch im Außen manifestieren.

Du bist unendlich geliebt! Das ist die Wahrheit, jetzt und allezeit.

Wir möchten dich an deine Begabungen und Fähigkeiten erinnern, an all das, was dir Spaß macht und was du gut kannst. Lasse all das nicht verkümmern und schenke dich mit deinen Talenten und ganz persönlichen Möglichkeiten der Welt!

Du magst enttäuscht sein, dass ich dir nicht sage, tue dies oder das. Ja, entscheiden musst du selbst.

Doch ich möchte dich ermutigen und dir sagen, dass das, was du wählst, dann auch das Richtige sein wird. Vertraue deiner inneren Führung, selbst wenn es dir manchmal so erscheint, als hörtest du sie nicht. Sie ist doch da und führt dich sehr wohl!

Das Licht ist mit dir, darum fürchte dich nicht!

Ich begleite dich auf all deinen Wegen mit meiner Liebe und dem strahlenden Licht des Höchsten.

*B*eginne jeden Tag mit einem dankbaren Herzen und einem positiven, stärkenden Gedanken.

Gehe voller Freude hinein, denn ein jeder Tag ist wahrlich ein göttliches Geschenk!

Du erfährst große Gnade, wenn du einen neuen Tag begrüßen darfst, denn jeder neue Tag schenkt dir auch neue Erfahrungen, neue Möglichkeiten und die Chance, frei zu werden.

*T*rägheit ist für dich manchmal schwer zu überwinden, doch wäre schon hilfreich, wenn du im Geiste nicht träge wärst.

Das heißt, wenn du es nicht schaffst, etwas zu tun, so kannst du dein Bewusstsein ausweiten, indem du dich in dieser Trägheit einfach wahrnimmst und beobachtest. So machst du aus dem „Mißstand" eine Tugend und nutzt deine Unbeweglichkeit als geistige Übung.

Vertraue der göttlichen Führung

Ihr seid sehr eng mit der Lichtwelt verbunden, doch ist euch dies nicht immer in vollem Ausmaß bewusst.

Eines Tages werden sich auch die inneren Augen öffnen, dann werdet ihr uns sehen und auch die jetzt noch unsichtbaren Welten betrachten können.

Nutzt diese machtvolle Zeit! Euch ist alles möglich, wenn ihr eure ganze Kraft auf *ein* Ziel richtet und eure Energie darin bündelt. Um dieses Ziel zu erreichen bzw. in der materiellen Welt manifest werden zu lassen, ist nötig, dass ihr beharrlich seid, dass ihr es wirklich erreichen *wollt*, dass ihr aufhört zu zweifeln, sondern dass ihr vertraut und dass ihr *loslasst!*

Noch immer identifiziert ihr euch sehr stark mit eurer Persönlichkeit. Und ihr entscheidet und handelt entsprechend der darin gespeicherten Erfahrungen, Vorstellungen und alten Muster.

Übung

Nun bitte ich euch, lasst einmal nur einen Tag lang all dies los und übergebt euch ganz der göttlichen Führung in euch!

Fragt euch immer wieder: **Gott in meinem Herzen, was willst du, dass ich tue?** Dann lasst los und handelt spontan aus dem inneren Gefühl heraus. Nehmt den allerersten Gedanken oder Impuls auf und folgt ihm.

So werdet ihr erfahren, wie leicht das Leben sein kann, und dass ihr euch nicht über Kleinigkeiten oder auch größere Angelegenheiten den Kopf zerbrechen müsst.

Gott in euch kennt immer die Lösung!

Vertraut und übt euch in Hingabe. Dann können euch viele schwere Päckchen abgenommen werden, und ihr könnt befreit und leicht voranschreiten.

Meditation

Herzensbotschaft

Gehe jetzt für einen Augenblick tief in die Stille.....
Lasse mich dir nun eine kleine Botschaft ins Herz schreiben.....
Sei ganz still und schaue in dein Herz.....
Spüre darin meine Worte der Liebe für dich, mein geliebtes Lichtkind.....

181

*D*ie Liebe ist das Göttliche in dir.

Sie ist weit und allumfassend. Ich kann sie dir nicht in Worten beschreiben, denn sie liegt jenseits aller Worte.

Du wirst sie erfahren können, wenn du dich beharrlich immer wieder mit Gott verbindest, dich Ihm anvertraust, betest und meditierst.

Die Liebe erwächst aus der Stille, doch kann sie über dich kommen in jedem Augenblick. Warte nicht darauf, sondern sei einfach im Jetzt und erfülle dein Herz mit Freude und Dankbarkeit, dann wirst du die Liebe einladen, und sie kann sich zeigen.

Die Liebe ist wie die Sonne, die nichts ausschließt. Sie fließt in einem mächtigen Strom und durchdringt *alles*.

Wenn du Liebe bist, gibt es nichts anderes mehr. Dann bist du eins mit allem und bist in Gott und Er ist in dir.

*E*in Musikinstrument spielen kannst du nur, wenn du es praktizierst und beständig übst.

Vertrauen kannst du nur, wenn du vertraust und dich darin übst!

Dazu gehört manchmal Mut und der bewusste Entschluss. Wenn du also eine Entscheidung fällen musst oder in eine Situation kommst, in der du unentschlossen oder unsicher bist, dann fasse bewusst den Entschluss:

ICH BIN ein göttliches Wesen.
ICH VERTRAUE!
ICH BIN jetzt voller Zuversicht und ich weiß, dass es gut ist!

Während du dir dies bewusstmachst, denke dabei *nicht* an irgendwelche anderen Dinge, sondern sei einfach nur da und wisse tief in deinem Innersten, dass dieses Vertrauen wahr und gerechtfertigt ist.

Solange du Widerstände gegen etwas hast, seien es alte Muster, Menschen, Umstände oder was auch immer, solange bist du verhaftet und machst dir selbst das Leben schwer, weil du dich dadurch sehr einengst und begrenzt und nicht frei wählen kannst.

Also sei nicht *gegen* etwas, vor allem nicht gegen dich selbst!

Achte, schätze und liebe dich!

Nimm dich so an, wie du bist!

Wenn du dir selbst auf diese Weise Liebe entgegenbringst, verstärkst du das Licht in dir, und alles dich Einschränkende kann sich von selbst auflösen.

Verstärke nur das Licht, dann verschwinden die Schatten ganz von selbst.

*F*inanzielle Schwierigkeiten sind das äußere Zeichen eines inneren Gefühls des Mangels, und dieses Gefühl des Mangels resultiert aus der Identifikation mit dem Ego.

Löse diese Identifikation auf, dann wirst du Fülle auf allen Ebenen erfahren können!

*S*ei ganz wach, ganz achtsam und deiner selbst bewusst, dann bist du ein wahrhaft göttlicher Mensch!

Zwei Engel, die dir in diesem Leben besonders zur Seite stehen, sind die Engel der Geduld und des Verzichtes. Beide hast du bereits gut kennengelernt, und sie werden dir auch weiterhin zur Seite stehen.

Doch denke nun nicht, dass du auf alles Irdische verzichten sollst – nein, im Gegenteil, die ganze göttliche Fülle soll dir zu Füßen gelegt werden, wenn du erkennst, wer du in Wahrheit bist!

Verzicht soll sich auf all das beziehen, was dir nicht guttut, was dich in deiner Freiheit einengt, was sich negativ auf dich oder andere auswirkt, was nicht dem höchsten Wohle dient, seien es Gedanken, Handlungen, Worte, Gefühle oder Gewohnheiten.

Du hast im Laufe deiner unzähligen Erdenleben schon viel gelernt, und doch sind noch Schleier vorhanden, hinter denen sich deine wahre Natur verbirgt.

Entferne diese Schleier und du wirst nur noch lieben, nur noch strahlen und nur noch glückselig sein!

ICH BIN die Weisheit des Herzens

Wenn du ganz still bist und dich in dich selbst vertiefst, wirst du deinem wahren Wesen näherkommen und erkennen, dass viel Überflüssiges deinen Geist trübt und dich abtrennt von dem, was wahr und ewig ist.

Oftmals fehlt dir diese Stille und auch die Bereitschaft, nach innen zu gehen, denn du lässt dich ablenken von der Erscheinungswelt mit ihren materiellen Dingen, auch von Menschen, die nicht mit sich selbst in Verbindung sind und die umherlaufen wie blinde Hühner.

Glaubst du, dass das, was du täglich siehst und hörst, das ist, was wichtig und wesentlich für dich ist? Glaubst du, dass du deine Zeit so verbringst, wie es für dich am besten ist? Glaubst du, dass du das tust und dass du so lebst, wie es dem Herzensweg entspricht?

Du kannst an jedem Ort und zu jeder Zeit von der göttlichen Gegenwart in dir Führung und Hilfe bekommen. Von diesem großen ICH BIN kann dir gezeigt werden, wohin dein Weg geht, was du jetzt tun sollst, welche Worte und Gedanken dienlich sind und auch mit welchen Menschen du deinen Weg teilen solltest und mit welchen nicht.

ICH BIN ist Herzensweisheit, ist Güte und unendliche Liebe. Gehst du in diese Herzensschwingung, die die höchste ist, welche du erreichen kannst, dann wirst du eine neue Art des Glückes erfahren, die du nicht für möglich gehalten hast.

ICH BIN bei dir und in dir, ja mehr als das: ICH BIN du selbst.

ICH BIN DU SELBST!

Wie dringend nötig ist es in der jetzigen Zeit, die Liebe neu zu erwecken in vielen Menschen, denn ihr erlebt täglich, wie dunkel es in zahlreichen Menschen aussieht. Sie haben ihr Ziel aus den Augen verloren, sie treiben also ziellos in einer Welt umher, die ihnen keinen Halt vermitteln kann, und sie erkennen nicht, wo sie diesen Halt finden könnten und was für sie gut wäre.

Ihr seid unsere Lichtgeschwister, und ihr könnt helfen! Ihr könnt zeigen, wie es ist, mit dem Licht zu wirken und mit dem Geist in Kontakt zu sein. Ihr könnt leuchtendes Beispiel sein für das Gute, für das, was Wert hat, für das, was wirklich wichtig ist, und für ein Leben in Freude und innerer Freiheit. Lasst euer Licht leuchten und gebt anderen ein Beispiel, an dem sie sich aufrichten und Vertrauen fassen können.

Tragt ihr gute Gedanken und Gefühle in euch, dann werden auch die Menschen, mit denen ihr zu tun habt, daran teilhaben, und es soll ihnen Hilfe und Kraft bringen. Seid ihr aber selbst ängstlich, zweifelnd, tragt negative Gedanken und Gefühle in euch, so wird auch dies sich auf eure Umgebung auswirken und ihr werdet genau die Wirkung an euch selbst erfahren, die ihr als Same gesät habt. Alles, was ihr in die Welt hinein gebt, wird zu euch zurückkommen!

Darum fragt euch, wie eure Welt aussehen soll. Wie wollt ihr sie haben? Wie wollt ihr leben und arbeiten? Wollt ihr ein Leben in Freude und Leichtigkeit und mit guten Menschen zu tun haben, eine befriedigende Arbeit und befriedigende Beziehungen – dann setzt genau dafür die Impulse, sät die entsprechenden Samen und seid selbst positiv, zuversichtlich, freundlich und liebevoll! Nur so könnt ihr Entsprechendes auch für euch selbst ernten!

Immer noch gibt es oft Phasen der Unbewusstheit, der Negativität, der Schwäche und des Zweifels. Doch niemand verurteilt euch deswegen – außer ihr euch selbst! Denn es ist weder schlimm noch böse, dass es so ist, es zeigt einfach genau den Stand eures Bewusstseins an und hilft euch, euch immer wieder daran zu erinnern, dass ihr euer Ziel nicht aus den Augen verlieren dürft, dass ihr euch immer wieder selbst erinnern müsst – daran, dass ihr mehr seid, als ihr glaubt zu sein, daran, dass ihr mehr könnt, als ihr glaubt zu können, und daran, dass ihr viel schöner und wunderbarer seid, als ihr euch selbst seht! Ihr seid wahrlich strahlende, göttliche Wesen, deren ICH BIN die Wahrheit ist.

ICH BIN allumfassende Liebe und allesdurchdringende Wahrheit.
ICH BIN ewiges Licht und unaussprechliche Glückseligkeit.
Das BIN ICH.

Wenn du mit der Liebesquelle im Herzen in Berührung kommst, wirst du die Welt anders wahrnehmen als zuvor. Du wirst Momente tiefen Glücks erleben können, und du wirst vieles leichter und voller Freude empfinden. Die Verbindung zu ICH BIN, die Erfahrung, dass du ICH BIN selbst bist – und nichts sonst, nichts anderes als das –, wird dir die inneren Augen öffnen und dich in eine neue Welt versetzen.

Bemühe dich tagtäglich, das Gute in der Welt zu vergrößern, deine Bewusstheit auszuweiten und dich nicht an negativen Gedanken und Gefühlen festzuklammern. Lasse alles los und nimm die Welt in Liebe in dein Herz hinein. Nur so wirst du zur Wahrheit und Freiheit erwachen können. Nicht indem du an Altem festhältst und negative Gedanken und Gefühle nährst.

Durch ICH BIN wirst du große innere Klarheit erreichen, und dein Bewusstsein kann sich ausweiten. Dann wirst du wahrnehmen können, wenn du vom Ziel abkommst und dich von der Welt einfangen lässt. Erkenne das, nimm es einfach wahr und dann wende dich wieder der göttlichen Gegenwart in dir zu und tauche erneut ein in dein wahres Wesen, welches DU BIST!

ICH BIN Klarheit und wache Bewusstheit.
ICH BIN Reinheit und Sanftmut.
ICH BIN Güte und Seligkeit.

Du fragst dich wieder einmal, wie du – und zwar möglichst schnell – zur Erleuchtung kommen kannst. Ich sage dir: Du kannst nicht zur Erleuchtung kommen, denn du bist es bereits! Es braucht lediglich noch in dein Bewusstsein zu treten, d.h. dir muss bewusst werden, was du wirklich bist! Das ist das Wesentliche.

Um in dieses Bewusstsein zu kommen, kann hilfreich sein, wenn du dich oftmals mit deinem Herzen verbindest, wenn du immer wieder still bist, wenn du Atemübungen machst und lernst, dich zu spüren und dich bewusst wahrzunehmen. Höre auf, mit offenen Augen zu schlafen, höre auf, Unnützes zu sprechen, höre auf, deine Energie zu vergeuden, und werde das, was du schon immer warst und bist!

ICH BIN immer bei dir, doch bist du dir dessen die meiste Zeit über nicht bewusst, denn du bist zuviel mit weltlichen Angelegenheiten beschäftigt. So nutze den jetzigen Augenblick und genieße unser Beisammensein.

Ich stehe jetzt hinter dir und lege meine Hände auf deine Schultern. So kannst du mich spüren und Kraft und Führung erhalten. Sei still und spüre mich jetzt!.....

*D*ie Welt strahlt, auch du strahlst!
Göttlicher Glanz liegt auf dir und der Welt und auf allem, was ist, denn alles ist erfüllt und durchdrungen von *Liebe*.

*M*eine Liebe möge dich durch alle Schwierigkeiten tragen und das göttliche Licht dich sicher leiten und dich stärken in schwierigen Situationen.

Bleibe ruhig und gehe Schritt für Schritt, sei achtsam und lasse dich führen, so kann sich alles wunderbar entfalten.

*D*u möchtest wissen, wie du andere Menschen wirklich unterstützen kannst?

Indem du du selbst bist!

Indem du ihnen zeigst, wie es ist, wenn du in dir selbst ruhst, gelassen bist und dich nicht von den Irrwegen der irdischen Welt fesseln lässt.

Indem du ihnen zeigst, wie du aus der Liebe und Freude heraus lebst und dass du *Vertrauen in das Leben* hast!

Zunächst sei du selbst, gib dir Aufmerksamkeit und Liebe, bevor du anderen Menschen helfen willst. Du kannst nur dann wahrlich heilen, wenn du dich selbst erkannt hast und mit dem göttliche Kern zutiefst verbunden bist.

Dann brauchst du nichts weiter zu tun, als in diesem höchsten Bewusstsein zu verweilen, und dadurch schließt du die anderen Menschen darin ein und alles ist heil. Hierzu ist keinerlei Technik nötig, lediglich deine tiefe Liebe zum Sein und dein Erheben des Bewusstseins.

Das, was du *bist*, gibt ihnen Kraft, Mut und Selbstvertrauen. Nimm sie vorbehaltlos an, schenke ihnen absolutes Vertrauen und wisse, dass sie ihren Weg meistern werden. Das ist die Wahrheit! Jedes im Herzen tief empfundene Gebet ist eine große Unterstützung für jeden Menschen. Jede kleinste Geste der Liebe, jedes Wort der Freundlichkeit und jedes Lächeln schenkt ihnen Kraft und Selbstvertrauen!

*L*asse das Leben fließen, spüre dich selbst, tauche tief ein ins höchste Bewusstsein und sei du selbst! Wenn du das bist, dann kannst du andere daran teilhaben lassen, dann kannst du wahrlich Wunder vollbringen, doch wird „dir" das dann gar nicht mehr wichtig sein.

Erfolg zu haben, wo immer es auch sei, ist ein Bestreben deines Egos. Auch anderen „helfen" zu wollen, ist kein Anliegen des höchsten Bewusstseins. Das höchste, göttliche Sein ruht in dem Wissen, dass alles vollkommen ist, dass alles einfach *ist*.

Hier gibt es nichts, was zu verbessern oder zu verändern wäre. Dies wirst auch du erkennen, wenn du dein Bewusstsein ausweitest und alles alte, begrenzende Denken loslässt. Erkenne, was *wahr* ist, das wird dich frei machen!

Einmaliger Edelstein

Meine gesegneten Lichtkinder, welch wundervolle Wesen ihr seid! Wir sind jetzt hier bei euch, um mit euch zu feiern. Ihr wundert euch, was es zu feiern gibt? Dann überlegt einmal, welch große Gnade es ist, zu leben und jetzt da zu sein!

Dieses Leben ist wie ein kostbarer Rohdiamant, aus dem ihr durch eure Taten, durch eure innere Haltung, eure Entscheidungen und euer Bewusstsein einen funkelnden, einmaligen, strahlenden Edelstein machen könnt, der alle Facetten und Farben des Lebens widerspiegelt.

Keine zwei dieser Kostbarkeiten gleichen sich, ein jeder hat seine spezifische Eigenart, sein spezielles Aussehen, die ihm eigene Größe, Form und Farbe. Darum solltet ihr euch niemals mit anderen Personen vergleichen, sondern versuchen, eure Einmaligkeit und eure eigene Schönheit zu erkennen und zu achten.

Ein jeder von euch ist so liebenswert, dass es für uns kaum mit Worten auszudrücken ist!

Wenn ihr nur sehen könntet, wie ihr strahlt, wie schön ihr seid und welche einmaligen Gaben ihr besitzt!

Darum hört auf, euren Blick auf das scheinbar Negative oder Unzulängliche zu richten, hört damit auf, euch klein zu machen, euch selbst nicht zu würdigen und nicht zu respektieren.

Ihr seid wahrlich große, göttliche Wesen, deren Aufgabe im irdischen Leben darin besteht, euer Herz mit immer stärkerem Mitgefühl zu füllen und die Liebe in euch wachsen zu lassen, so weit, bis alles darin Platz hat und ihr nichts mehr ausschließt.

Meditation

Lichtbegleiter

Lasst uns für einige Augenblicke still sein.....
Nehmt euren Atem wahr und spürt in euch hinein.....
Spüre, dass es dich gibt, mein geliebtes Kind des Lichtes!
Spüre, dass du jetzt und hier da bist!.....
Tauche immer tiefer in dich hinein und lasse alles Irdische los.
Alles, was du bist, ist tief in deinem Inneren. Hier bist du zu
Hause, hier schöpfst du Inspiration und Kraft aus der Quelle.....
Tauche noch tiefer ein in dieses Sein, welches du selbst bist!
Hier gibt es nichts außer tiefer Stille, Lebendigkeit und gren-
zenloser Bewusstheit.....
Jetzt sei einfach nur still und nimm dich wahr!.....
Mein Lichtkind, noch darfst du ein wenig verweilen in dieser
gesegneten Stille deines ursprünglichen Seins.
Ich rufe jetzt für dich ein Lichtwesen herbei, welches Kontakt
mit dir aufnehmen will und welches dir zur Seite ist. Sei bereit, es zu empfangen und willkommen zu heißen.....
Vielleicht wirst du von ihm ein Geschenk oder einen Rat erhalten, der dir auf deinem Weg weiterhelfen kann. Nimm es
voller Dankbarkeit entgegen und verneige dich in Demut.....

Du hast dein Geschenk von deinem Lichtbegleiter erhalten. Nun kannst du wieder auftauchen in die irdische Welt. So atme bewusst ein paarmal tief ein und aus, spüre deinen Körper, nimm ihn bewusst wahr und erst zum Schluss öffne behutsam die Augen, wenn du möchtest.....

*H*egt ihr ständig ängstliche, negative Gedanken, tragt Befürchtungen und negative Bilder in euch, so können sich diese realisieren, wenn ihr sie emotional aufladet.

Ihr kennt das Gesetz der Anziehung, es wirkt immer, ob ihr es wollt oder nicht, ob ihr euch dessen bewusst seid oder nicht.

Um euch eine gute, harmonische Zukunft zu erschaffen, ist unabdingbar, dass ihr *jetzt* voller Zuversicht, Harmonie und positiver Gedanken seid! Denn nur *jetzt* erschafft ihr das Morgen!

Dies sollte euch immer wieder klar sein, so ruft es euch ins Gedächtnis und gebt niemals anderen Menschen oder den Umständen die Schuld an eurer „Misere". Übernehmt selbst die volle Verantwortung für euer Leben und gestaltet es bewusst so, dass ihr Gottes Schönheit, Fülle und Freude offenbaren könnt!

ICH BIN immer an deiner Seite.

ICH BIN das Licht in deiner Seele und die Liebe in deinem Herzen.

Schönheit, Wahrheit und Freude verbinden uns in alle Ewigkeit.

*M*ache dir bewusst, dass du das Recht auf Fülle hast, dass dir der ganze Reichtum des Universums zusteht, denn du bist ein göttliches Wesen!

Solange du in der Angst bist und Zweifel dich einengen, solange wird der göttliche Fluss gebremst und die Energie blockiert. Darum stärke dein Vertrauen und nähre nicht die dunklen Schatten der Vergangenheit.

Vertraue, denn für Gott sind alle Dinge möglich! Sollte ER nicht in der Lage sein, gut für dich zu sorgen und dir all das zu geben, wessen du bedarfst?!

Affirmation

Wenn du in dir spürst, was du tun willst, dann triff bewusst die Entscheidung und gib diese Absicht laut kund. Bekräftige dann:

Ich vertraue, dass dies sich jetzt manifestieren wird zum Wohle aller!
Ich vertraue, dass all das, was ich dazu benötige, jetzt bereits da ist und sich nun offenbaren wird!

*L*iebe, Freude und Freiheit sind unzertrennlich. Pflegst du das eine, erwächst dir die Gnade aller drei.

Denke groß!

Sei dankbar für jedes neue Lebensjahr auf der Erde in diesem irdischen Körperkleid, für jeden neuen Tag, an dem du die Augen aufschlägst und die Möglichkeit hast, Gottes Herrlichkeit zu erkennen und zu manifestieren!

Du kannst Berge versetzen und Dinge erschaffen, die der Verstand sich kaum vorstellen kann. Alles ist möglich dem, der mit Gott geht und der an sich und seine Kraft und Fähigkeiten glaubt!

Alles beginnt bei dir selbst!

Wie sollen andere dich achten, ehren, respektieren und lieben, wenn du selbst das nicht tust? Wenn du dich selbst erniedrigst, mit dir ins Gericht gehst und lieblos mit dir umgehst? „Die anderen" sind nur ein Spiegel deiner selbst!

Gehe bewusst in die göttliche Präsenz und mache dir bewusst, dass nur dein göttliches Selbst wahre Macht besitzt. Diese Kraft ist *unermesslich groß* und kann alles bewirken, was dein Herz will.

Blicke nicht auf die Blockaden, sondern richte deine ganze Aufmerksamkeit auf das Licht und die Göttlichkeit, die du bist!

Denkst du groß, wirst du Großes manifestieren.

Denkst du klein, wird Kleines die Folge sein.

Denkst du eng, wirst du dich wie in einem Gefängnis fühlen.

Denkst du weit, wird sich die ganze Welt für dich ausweiten und ungeahnte neue Möglichkeiten können zu dir gelangen.

In deinem Bewusstsein beginnt alles!

Warum also lässt du nicht all das los, was dich einengt, was dich schwächt, was dir nicht gut tut? Lasse es los und beginne ein neues Leben in Fülle, Freude und Leichtigkeit! Jetzt!

Solange du nicht Herr deiner Gedanken, deines Verstandes bist, solange wirst du dich unfrei fühlen und nicht wirklich frei wählen können.

Wenn also eine Entscheidung ansteht, dann gehe kurz heraus aus dem Verstand, spüre in dich hinein, sei einfach wach und aufmerksam, denke nicht nach, sondern spüre nur!

Nimm das Leben, das Sein, die Liebe in dir wahr und sei ganz still.

Dann löse dich langsam, erinnere dich an deine Frage, für die du eine Entscheidung willst, und wähle aus dieser inneren Stille und Ruhe heraus.

Das wird das Richtige sein!

Dann lasse los und denke nicht weiter darüber nach!

*A*chte auf genügend Schlaf und Zeiten der Ruhe! Dies ist jetzt sehr wichtig, denn auch während des Schlafes finden Weiterentwicklung und Schulung auf anderen Ebenen statt.

Wenn du das Bedürfnis hast, alleine zu sein, dann gib dem nach.

Wenn du das Bedürfnis hast, in die Natur zu gehen, dann folge auch diesem Wunsch. Denn gerade jetzt ist es wichtig, dich viel in der freien Natur aufzuhalten, um leichter und tiefer in Kontakt mit dir selbst kommen zu können.

Achte gut auf deine eigenen Bedürfnisse und sei einfach sehr achtsam und tue nichts, was du hinterher bereuen würdest.

Du bist im Inneren stark und gesund. Was dir Schwierigkeiten macht, ist „altes Gepäck", das du noch mit dir trägst. Das sind beispielsweise auch bestimmte Vorstellungen, wie etwas sein soll, wie „man" etwas tut, Glaubenssätze und Verhaltensmuster, die jetzt nicht mehr dienlich sind. Wirf sie ab und sei frei!

*L*ache und freue dich, dann offenbarst du Gott!

Was du glaubst, das bist du

In deinem Bewusstsein muss ein Wandel geschehen, sonst kann sich auch in der äußeren Realität keine Veränderung zeigen. Fühle und trage im Bewusstsein:

ICH BIN die Fülle.
ICH habe alles, was ich brauche.
ICH BIN voller Freude und Liebe.
ICH BIN höchstes Sein.
ICH BIN Schönheit und Reichtum in allen Bereichen meines Lebens.
Die göttliche Schöpferkraft zeigt sich jetzt.
Das ist die Wahrheit.

Umstände, Ereignisse oder Menschen haben in Wahrheit keinen negativen Einfluss auf dein Leben, denn es ist so, dass auch das scheinbar Negative dir letztlich hilft, dich weiterzuentwickeln, mehr Bewusstheit zu erlangen und dich selbst besser zu erkennen.

Alles im Außen ist ja ein Spiegel für dich selbst. Es kann in deiner äußeren Welt nichts in Erscheinung treten, wofür du nicht eine innere Resonanz besitzt.

Gerade aus dem „Negativen" kannst du lernen, kannst Stärke entwickeln und dein Unterscheidungsvermögen vergrößern, dich aber auch in Toleranz und Demut üben.

Eben dieses Einordnen in positiv und negativ macht euch das Leben so schwer, weil ihr das Positive haben wollt und das Negative ablehnt. Doch gerade auch das scheinbar Negative anzunehmen und in Liebe zu umarmen, wäre eine große Tat.

Alles, was geschieht, dient deiner Entwicklung. Nichts ist an sich positiv oder negativ, aber deine Haltung dazu ist es bzw. so machst du es zu etwas Gutem oder Schlechtem.

Solange du glaubst, dass dich andere Menschen negativ beeinflussen können, solange ist dies möglich. Bist du dir hingegen bewusst, dass du das Licht Gottes in dir trägst, ja, dass du selbst Licht *bist*, dass nichts diesem Licht etwas anhaben kann, so wird auch dies so sein.

Glaubst du, verletzlich zu sein, so bist du es.

Glaubst du, stark und sicher zu sein, so bist du es.

Deine Gedanken, deine Überzeugungen und dein Glaube erschaffen deine Welt!

*D*afür bist du hier:
um die Liebe in der Welt zu vergrößern, um mehr Licht auszustrahlen, und vor allem, um dich daran zu erinnern, wer du wirklich bist.

Auf meine Frage, welcher Meister spricht, kommt folgende Antwort:

DAS BIN ICH SELBST!

ICH BIN der, der am innigsten und schon seit aller Ewigkeit mit dir verbunden ist!

ICH BIN der, der verantwortlich ist für alles, was dich betrifft, für alles, was du tust oder nicht tust, für dein ganzes Sein und Haben und für alles, was ist.

ICH BIN der, der dich lenkt und leitet und immer bei dir ist.

Du bist ein Teil meiner selbst.

Du bist mein geliebtes Kind und trägst meine ganze Kraft in dir und die Liebe des Unendlichen.

Du bist wie ICH, denn das, was ICH BIN, bist du!

ICH BIN DAS LICHT UND DIE WAHRHEIT.

ICH BIN dein Meister von Anbeginn bis in alle Ewigkeit!

*E*ine jede Situation ist, wie sie ist. Wenn du das ebenso sehen und vor allem „Ja" dazu sagen kannst, dann bist du auf dem richtigen Weg.

Ja zum Jetzt zu sagen, das ist der Schlüssel zu einem befreiten, glücklichen Leben. Also erinnere dich immer wieder daran, *jetzt* bewusst dazusein! Nur jetzt in diesem Moment warten Glückseligkeit und Freiheit auf dich!

*V*ertraue deinem innersten Gefühl und der Stimme deines Herzens!

Sie leiten dich voller Weisheit und zeigen dir immer den richtigen Weg.

*W*enn du darauf wartest, dass „irgendwann“ einmal etwas besser, leichter oder anders sein soll, dann lebst du nicht wirklich und bist nicht du selbst.

Nur im Jetzt findet Leben statt, also höre auf, auf etwas zu warten, aber nutze die Chance, jetzt das Beste zu sein, was in dir ist.

Wähle *jetzt*, wie es weitergehen soll!

Du hast die Wahl, *du* entscheidest!

Du trägst die Verantwortung für dein Leben!

*G*ott verurteilt dich nicht und ER beschuldigt dich nicht.
ER liebt dich ohne Wenn und Aber!

Meditation

Goldener Torbogen – Quelle

Seht euch auf einer breiten ins Sonnenlicht getauchten Straße, die ihr entlanggeht..... Ein Stück vor euch seht ihr ein großes goldenes Tor, welches ebenfalls im Sonnenglanz erstrahlt. Ihr nähert euch diesem Tor und seht nun in dem oberen Torbogen eine Inschrift, deren Buchstaben euren Blick auf sich ziehen.....

Dieses Tor ist die Eintrittspforte in euer inneres, göttliches Königreich, und für jeden trägt es eine besondere Botschaft, die ihr jetzt lesen könnt.....

Wenn ihr durch dieses Tor hindurchgeht, tretet ihr ein in eine andere Welt.

Die Luft ist klar und rein, ihr werdet leichter und durchlässiger. Ihr bemerkt, dass ihr Gedankenformen sehen könnt und die Luft von himmlischer Musik erfüllt ist. Euer Gang ist ganz leicht, und fast scheint es, als ob ihr schwebt.

Zu eurer Linken seht ihr nun wieder ein Tor, welches euch einlädt hindurchzutreten..... Auf seinem oberen Torbogen steht der Name des wunderbaren himmlischen Wesens, welches euch jetzt erwartet, um euch Antworten auf eure Fragen oder Hilfe und Heilung zu geben.

Berührt euer Herz mit der Hand und tretet ein, sobald ihr bereit seid.....

Ihr betretet damit eine himmlische Oase, einen Ort unbeschreiblichen Friedens und unvergleichlicher Schönheit und Fülle.

Mitten darin befindet sich eine sprudelnde Quelle. Neben ihr sitzt der Meister, der euch schon erwartet. Bei ihm könnt ihr Platz nehmen.....

Jetzt stellt eure Fragen oder richtet euer Anliegen an ihn und lauscht, was euch geantwortet wird.....

Lasst ganz los, erzwingt nichts, bleibt gelassen und lasst einfach geschehen.....

Wenn ihr das Gefühl habt, dass es nun gut ist, bedankt euch, nehmt einen Schluck aus der Quelle und fühlt, wie ihr gestärkt und erhoben werdet und wie sich euer Herz mit tiefer Liebe erfüllt.....

Steht auf, verabschiedet euch und tretet aus der himmlischen Oase durch den Torbogen heraus und geht langsam zurück.....

Schaut euch auf dem ganzen Weg um, ob und wie sich etwas verändert hat und ob ihr Zeichen seht, die für euch da sind.

Nun durchschreitet den zweiten Torbogen und kommt auf der breiten Straße wieder zurück an euren Ausgangspunkt.....

Atmet dreimal tief ein und aus und seid ganz wach und erfüllt von Licht und Freude.

*W*as zu wissen ist, weißt du bereits, was zu tun ist, ist bereits getan. Was es zu erkennen gilt, ist allein, dass alles bereits *ist*. Dass jede Kleinigkeit, die du in deinem Leben wahrnimmst, nur eines ist: eine Widerspiegelung Gottes.

ER ist in allem enthalten, in IHM ist alles enthalten.

So bist auch du *eine* Zelle Seines Körpers, und ER ist das, was du bist!

Affirmation

ICH BIN bereit.

ICH BIN offen für das, was Gott mir bereitet.

ICH BIN dankbar für all seine Gaben und dafür, dass ich dieses kostbare Leben als Geschenk habe!

Ich will das Beste daraus machen und IHN offenbaren.

*E*s wird noch viel Wandel auf Erden geschehen, doch wenn ihr still in eurer Göttlichkeit ruht, fest in euch selbst verankert seid, so kann euch nichts geschehen, und ihr werdet als neue Menschen aus dieser Zeit der Umwandlung hervorgehen können.

Bleibe ruhig und gelassen, auch angesichts von äußeren Schwierigkeiten und Problemen. Diese innere Gelassenheit ist wichtig, um der Quelle die Möglichkeit zu geben, in jeder Situation angemessen handeln zu können.

Umarme dich in Liebe mit all dem, was du bist!

Schließe nichts aus, wehre keinen Aspekt ab.

Nimm alles, was du bist, liebevoll und gütig an. So wirst du frei sein und ohne Kummer und Angst leben können.

*S*ei einfach du selbst! In jedem Augenblick und bei allem, was du tust! Sei authentisch, in dir zentriert und tue das, was sich für dich in deinem Inneren gut anfühlt.

Habe den Mut, zu dir zu stehen und deinem Herzen zu folgen! Das ist in der jetzigen Zeit sehr wichtig.

*W*ozu bist du hier?

Um bewusst zu leben!

Das ist alles – im wahrsten Sinne des Wortes, denn darin ist alles enthalten.

Du lebst! Du bist! Was willst du mehr? Es gibt kein „mehr".

Also heißt die Aufgabe, dir dessen bewusst zu werden, was du *bist*.

Deine Aufgabe ist, dich so lange selbst zu erforschen, bis du erkannt hast, wer oder was du bist. Und deine Bestimmung ist es, wieder nach Hause zu kommen, in die Einheit, in die Ganzheit, ins höchste Bewusstsein.

Das Geschenk des Lebens

Die neue Energie hält eine große, dynamische Kraft bereit, um eure innigsten Wünsche Wirklichkeit werden zu lassen. Alle aufrichtigen Wünsche, die ihr mit ehrlicher Absicht verfolgt, können jetzt manifestiert werden!

Ihr könnt wählen, wohin ihr gehen wollt, wie das Morgen aussehen soll und was ihr erreichen wollt.

So nutzt die Liebesschwingung zu eurem Wohle und zum Segen aller, indem ihr euch über eure aufrichtigen Wünsche Klarheit verschafft und wisst, mit welcher Absicht ihr was tut.

Was willst du?

Wohin soll dein Weg gehen?

Was sind deine Herzenswünsche?

Wichtig ist, dich stets gut zu erden und zu üben, im Jetzt gegenwärtig, also zutiefst anwesend zu sein.

Wenn Schwierigkeiten oder Probleme auftreten, dann nehmt sie als Geschenk mit dankbarem Herzen an und erbaut keine Widerstände. Ein akzeptierendes Herz ist ein offenes Herz und verbunden mit der Quelle. Es verbindet euch mit der göttlichen Gegenwart, und alle Hindernisse können sich beseitigen lassen.

Ich bitte euch, meine geliebten Lichtkinder, lasst euch nicht von der Meinung anderer Menschen beeinflussen, sondern erkennt eure eigene Herrlichkeit. Seht, wie wundervoll ihr seid, seht, welche Fähigkeiten ihr habt, erkennt eure Begabungen und setzt sie auch ein!

ICH liebe dich so sehr und ICH BIN in jedem Augenblick ganz nah bei dir!

Wisse, dass ICH dich stets unter meiner Obhut habe und du dich deshalb niemals zu fürchten brauchst.

Immer darfst du dir Meiner Liebe sicher sein!

Immer bist du unendlich geliebt, ganz gleich, was du denkst, sagst oder tust. Denn ICH urteile nicht und ICH BIN EINS mit DIR!

Wenn du lachst, so lache ICH in dir!

Wenn du dankbar bist, so spürst du MICH.

Auch wenn du traurig bist, ist dies nur möglich durch MICH.

Und wenn du in die Glückseligkeit eintauchst, dann bist du wahrlich eins geworden mit MIR!

Was könnte ich dir anderes mitgeben auf deinen Weg als dies: Du bist unendlich geliebt, du bist ein vollkommenes, göttliches Wesen.

Nichts an dir gibt es, was *nicht* göttlich ist!

Nichts an dir gibt es, was zu vervollkommnen ist!

Nichts an dir missfällt Gott oder wird von Ihm verurteilt.

Erkenne, dass du mehr bist als das, was du über dich denkst oder von dir hältst. Erkenne, dass du nicht weniger bist als höchstes Sein, reine Wahrheit, Liebe und Licht!

Versenke dich immer wieder in dieses Sein, setze dich also immer wieder kurz hin, sei nur still und lausche nach innen.

Nimm einfach wahr, dass du da bist, dass es dich gibt, dass die göttliche Gegenwart jetzt in dir ist. Halte jetzt inne und spüre dich!........

Ein jeder neue Tag ist ein großes Geschenk, und ihr solltet ihn sinnvoll nutzen und keine Zeit vergeuden mit unwichtigen Dingen.

Besinnt euch auf das Wesentliche und lasst euer Licht stärker erstrahlen. Ihr tragt viel Liebe im Herzen, so habt den Mut, euch allein von ihr leiten zu lassen und mehr Bewusstheit zu erlangen.

Lacht und freut euch mit uns und dankt für das Geschenk des Lebens, ein größeres gibt es nicht!

Schluss mit der Täuschung!

Du hast schon so vieles gemacht und geübt, praktiziert und versucht, doch all dies hat dich nicht frei gemacht.

Weißt du, warum?

Weil wahre Heilung und wirkliche Freiheit nicht durch Tun und Machen erreicht werden können. Sie können tatsächlich nicht „erreicht" werden, denn das würde bedeuten, dass du es noch nicht hast und erst bekommen könntest.

Doch die Wahrheit ist: *Du bist heil! Du bist frei!*

Also geht es immer nur um das: zu erkennen, dass du all das bereits bist, was du zu erreichen suchst!

Somit wäre dienlich, aufzuhören, etwas hinterherzulaufen, was bereits da ist, was du bereits in dir trägst.

Schluss mit aller Trennung!

Schluss mit der Täuschung!

Erkenne die Wahrheit und erwache ins höchste Sein!

Nun wirst du dich fragen, ja, wie kann ich das tun, was kann ich dafür tun? Und ich sage dir: im Grunde nichts, denn du kannst es nur sein.

Du brauchst kein Tun, sondern *Erkenntnis*. Du brauchst nichts zu machen, nicht daran zu arbeiten, aber du brauchst einen weiten, offenen Geist, ein weites, offenes Herz, Mut,

Bereitschaft und den Willen, dich mit nichts weniger als dem Höchsten zufriedenzugeben.

Ja, du hast schon so vieles getan, um dich zu ändern, dich zu verbessern, dich zu vervollkommnen. Doch jetzt sage ich dir, dass dies alles nicht nötig ist, denn du *bist bereits vollkommen!* Du bist bereits göttlich! Du bist ein wunderbares Wesen mit göttlicher Kraft und voller Weisheit und Schönheit!

So nimm dich einfach vollkommen an so, wie du bist! Sage Ja zu dir mit all den Facetten, die zu dir gehören. Schließe nichts aus und wehre nichts ab! Nur so kannst du die Erfahrung machen, wirklich heil und somit heilig zu sein.

Solange du Widerstände hast, bist du nicht in der hohen Schwingung der Liebe. Solange du etwas abwehrst, lebst du nicht die allumfassende Liebe des höchsten Seins. Solange du dich nicht gänzlich liebevoll annimmst, solange wirst du nicht frei sein und keine Glückseligkeit erfahren können.

Affirmation

Mit der Liebe bin ich eins.
Durch die Liebe verwandle ich die Welt in ein Paradies.
Die Liebe wohnt in meinem Herzen.
Die Liebe bin ich selbst.
So bin ich eins mit allem,
denn die Liebe kennt keine Trennung.

*S*chaffe einen harmonischen Ausgleich zwischen den unterschiedlichen Bereichen deines Lebens und zwischen den Ebenen in dir.

Das bedeutet, Ausgewogenheit zu schaffen zwischen Arbeit und Freizeit, zwischen Tätigsein und Nichtstun, zwischen körperlicher Arbeit und geistigem Tun, auch zwischen Alleinsein und Gesellschaft, zwischen Wachen und Schlafen sowie zwischen äußeren Anforderungen und innerem Wollen.

Wenn etwas nicht im Gleichgewicht ist, fühlst du dich unwohl, schwach und lustlos. Ist Harmonie in allen Bereichen vorhanden, fließt dir Kraft zu, und du kannst voller Freude und in Leichtigkeit jeweils das tun, was zu tun ist.

*U*m von der neuen Energie zu profitieren und sie zu deinem größten Nutzen anzuwenden, ist nötig, dass du sie aus tiefstem Herzen bejahst und willkommen heißt, dass du laut und bestimmt deine Absicht kundtust, jetzt voller Vertrauen allein dem Licht deines Herzens zu folgen, und dass du bereit bist, alte Muster und Verhaftungen ein für allemal loszulassen.

Es ist sehr wichtig, diese Absicht klar auszusprechen und ebenso klar zu formulieren, was du willst. So kann mit der neuen Energie sehr rasch und auf göttliche Weise genau dieses erschaffen werden und in dein Leben treten.

*D*u bist ein Kind des Lichtes und auf dem Weg nach Hause, vergiss das niemals! Erkenne dein wahres unsterbliches Wesen und sieh darin die wichtigste Aufgabe deines Lebens!

Lasse dich jetzt segnen mit göttlichem Glanz.....

ICH BIN wahrlich eins mit dir!

*W*enn du einen Menschen nicht als „Opfer" siehst, stärkst du die göttliche Kraft in ihm. Wenn du ihm zutraust, sein Leben in jeder Hinsicht zu meistern und das Beste daraus zu machen, dann hilfst du ihm dabei, dass sich genau dies manifestieren kann.

Sieh das Gute in ihm, die Kraft, die Schönheit und Göttlichkeit!

All das wird Hilfe und Unterstützung für ihn sein.

Wenn jemand dich um Rat fragt, dann sei bereit zu geben, ansonsten gib du ihn innerlich frei und lasse ihn die Erfahrungen machen, die er machen will und die für ihn wichtig und richtig sind.

Ich umarme dich in unermesslicher Liebe und segne dich aus dem Reich des Lichtes!

*K*larheit ist wichtig. Also setze dich hin und sei still. Frage dich, was du wirklich willst und wohin dein Weg gehen soll. Was ist dein höchstes Ziel? Darauf konzentriere deine Kraft und Aufmerksamkeit. Trenne Wichtiges von Unwichtigem und schärfe dein Unterscheidungsvermögen.

Gehe immer wieder kurz in die Stille und nimm einfach das wahr, was gerade ist, ohne Werten und Urteilen.

ICH BIN das Licht, welches in und aus mir leuchtet!
ICH BIN die Liebe in meinem Herzen!

Wende dich beständig mir zu, so sollst du reichen Segen bekommen, und dein Leben wird das ausstrahlen, was du bist: Schönheit, Harmonie, Göttlichkeit und LIEBE!
Bleibe in der Schwingung der Liebe, so kann dir nichts geschehen. Halte die Liebe stets hoch und diene nur ihr allein.
So machst du dein Leben wahrhaftig zu einem alles überstrahlenden Juwel und zu einer Manifestation deiner göttlichen Herkunft.
Nimm jetzt meinen Segen entgegen und spüre mich ganz nah!
Wir sind so tief verbunden, und ich freue mich sehr!
Segen, Segen, Segen!

Ich sage dir, dass du auf einem guten Weg bist!

Gott liebt dich ohne Einschränkung, Er nimmt dich vorbehaltlos und bedingungslos so an, wie du bist!

Dein Wesen ist reines Licht und deine Essenz göttliche Liebe. Mache dir das bewusst und löse dich aus den irdischen Verstrickungen.

Du sollst frei sein wie ein Vogel und ein Leben voller Freude und Leichtigkeit führen! Das ist deine Bestimmung und das wird so sein!

In tiefer Liebe umhülle ich dich jetzt mit einem Lichtmantel, der dir Kraft und Unterstützung geben soll. Doch in Wahrheit bedarfst du dessen nicht, denn du trägst die ganze göttliche Kraft bereits in dir. Klinke dich ein und lasse dich davon tragen. So sei es!

Die Wahrheit ist in dir!

*E*rlösung geschieht, wenn du dich selbst erkennst!

Dieses Erkennen kann nur *jetzt* geschehen!

Darum schaue nicht nach hinten in die Vergangenheit, auch nicht nach vorn in die Zukunft, sondern betrachte einfach das, was jetzt ist – ohne es zu werten und in Vorgefasstes einzuordnen.

Löse dich vom urteilenden Verstand und erkenne, was du wirklich bist: Licht und Liebe, Schönheit und Wahrheit! Das bist du!

*W*enn du unglücklich oder unzufrieden bist, so sind es immer deine eigenen Widerstände und damit fehlende Liebe, die dich unglücklich oder unzufrieden sein lassen.

Also gib alle Widerstände gegen das Leben auf, überlasse dich stattdessen seinem Fluss und gib dich der puren Freude hin.

Lache und freue dich! Dann lacht das Leben zurück! Und auch wir lachen und freuen uns mit dir.

*D*u hast ein großes, offenes Herz, und ICH wohne darin. Wenn das kein Grund zur Freude ist!

Ich lege jetzt einen Mantel der Liebe und des Segens um dich, so mögest du wohl geborgen weiterschreiten – nach Hause ins Licht! So sei es!

*D*u machst dir zu viele Gedanken über alles!
Lebe, sei einfach da und spüre dich in dem, was du gerade tust, egal, was es ist.
Du machst es dir selbst schwer, das ist nicht nötig.

Übung

Versuche einmal für eine Zeitlang, nicht über alles nachzudenken, sondern versuche immer wieder, nur wahrzunehmen, zu beobachten und zu spüren.
Frage dich lediglich: Was ist jetzt? Was nehme ich wahr? Was spüre ich in mir?
Nicht mehr!
So kommst du dir viel näher, und du bleibst im Jetzt. Allein durch diese Übung entsteht mehr Bewusstheit, und du bist gegenwärtig. Bist du aber gegenwärtig, fühlst du dich nicht getrennt, sondern im Frieden mit dir selbst.

*S*chmerz entsteht niemals aus dem göttlichen Selbst.

Gott kennt keinen Schmerz.

Jeglicher Schmerz kann sich nur zeigen, wenn das niedere Selbst beteiligt ist.

Affirmation

Ich vertraue meiner inneren Weisheit.

Ich vertraue den göttlichen Impulsen, die ich bekomme, und ich entscheide mich jetzt dafür, ihnen zu folgen.

ICH BIN frei und wähle jetzt das, was ICH will.

So mache ich mein Leben zu einer Manifestation des höchsten Seins, des ICH BIN.

*U*marme das Leben, liebe und werde frei!
Sei dir immer wieder bewusst, dass *du lebst!*
Welch größeres Geschenk könnte es geben als das?!

*W*ahres Heilen bedeutet, einen Menschen wieder mit seiner göttlichen Quelle zu verbinden und so den göttlichen Lebensstrom frei fließen zu lassen.

Dunkelheit auflösen

Wenn du alte Glaubens- und Gedankenmuster auflösen willst, wo hast du zu beginnen?

Natürlich bei deinen Gedanken!

Alte Muster auflösen kannst du, indem du neue lichtvolle aufbaust und den Blick und deine Konzentration auf das Positive und Aufbauende richtest.

Indem du Negatives bekämpfst oder „weghaben" willst, gehst du in dieselbe Energie und nährst sie dadurch. Da Energie nicht aufgelöst und einfach verschwinden kann, kannst du sie nur umwandeln, d.h. durch Liebe und Licht transformieren.

Wenn du also liebevoll und gütig mit dir selbst bist, wenn du im Jetzt weilst und das wahrnimmst, was ist, ohne Beurteilen und Werten, ohne Verurteilen und Verdammen, so stärkst du das Licht in dir, und die Schwingung wird erhöht. Dadurch kann sich Dunkles auflösen, ganz von selbst, einfach weil du das Licht des Bewusstseins dazu nutzt.

Wichtig ist, die Dinge einfach anzuschauen, zu beobachten, wahrzunehmen, so wie sie sind. Dies sollte eine beständige Übung sein. Du kannst etwas Dunkles nicht dadurch entfernen, indem du dagegen kämpfst oder dich wehrst, sondern indem du es wahrnimmst und dann einfach das Licht anknipst – und sofort wird die Dunkelheit verschwunden sein!

Alles, was dir zu schaffen macht, all deine Probleme entsprechen dieser Dunkelheit. Deine Bewusstheit ist das Licht, welches die Kraft hat, aus sich heraus die Dunkelheit aufzulösen.

Du musst nichts erreichen, du bist bereits alles!

Hingabe bringt Frieden

Es ist eine Ursehnsucht des Menschen, Frieden im Herzen zu tragen.

Friede entsteht nicht, indem du etwas abwehrst oder „weghaben" willst, er kann nur in dir wachsen, wenn du alles, was jetzt ist, in Liebe annimmst.

Hingabe an das höchste Sein, das du bist, bringt Frieden!

Ja sagen zum Leben bringt Frieden.

In jedem Augenblick das Wunderbare sehen, das immer da ist, bringt Frieden.

Solange du in irgendeiner Form von Negativität an Gefühlen, Gedanken, Erinnerungen, Vorstellungen festhältst, solange wirst du keinen Frieden in dir haben. Solange bist du mit deinem Verstand identifiziert und bist nicht im Sein.

Du kannst nichts *tun*, um zu Ruhe und Frieden zu kommen, denn dies ist ein innerer Prozess und hat nichts mit äußerem Handeln zu tun.

Dieser Prozess bedeutet ein Ausweiten deines Bewusstseins.

Je mehr du gegenwärtig bist, je größer deine Bewusstheit, desto tiefer der Frieden und die Ruhe in dir.

So bitte ich dich, dir auch deine Gefühle und Gedanken, die in Bezug auf Probleme oder Schwierigkeiten da sind, anzuschauen, wahrzunehmen, aber wertfrei, ohne Widerstand, ohne Negativität. So kann sich all das auflösen und du wirst nicht mehr davon belästigt werden.

Schließe mit der Vergangenheit ab, denn *du lebst nur jetzt!*

Alles, was du getan hast, hast du nach bestem Wissen und Können getan, warum hadern mit dem, was nicht mehr zu ändern ist und was du nicht „besser" oder anders hättest machen können?!

Vergebung ist ein großer Schritt, um eins zu werden!

Vergebung dir selbst gegenüber bedeutet das Annehmen deines So-Seins und ein sich Lösen von den Verhaftungen des Egos.

Vergebung kann geschehen, indem du ganz gegenwärtig bist, denn dann lösen sich alle Bindung, alles Anhaften, alle Negativität von selbst auf.

Bleibe im Jetzt und liebe dich selbst!

So wirst du Ruhe und Frieden finden!

ICH BIN.

ICH BIN alle Meister, alle Engel und alle Wesen.

ICH BIN alles, was ist.

ICH BIN das Leben und die Wahrheit, und du bist das!

*B*leibe ruhig und gelassen und lasse dich nicht von anderen Menschen, wer immer es sei, einschüchtern und verunsichern.

Das kannst du erreichen, indem du dir immer wieder bewusst machst, dass niemand Macht über dich hat, dass niemand stärker ist als du selbst es bist, dass niemand dich manipulieren kann, wenn du es nicht zulässt, und dass dir nichts passieren kann, was dir schadet, wenn du in dir zentriert und auf das Licht ausgerichtet bleibst.

*B*eginne den Tag mit einem erhabenen Gedanken, widme ihn dem Höchsten, und beende den Tag mit einer kurzen Hinwendung an das höchste Sein oder mit einem kurzen Gebet oder heiligen Wort.

ICH BIN jetzt hier.

Spüre mich für einen Moment und nimm meine Schwingung auf.

Mein Segen ruht auf dir! *Alles ist gut!*

*A*ngst ist dunkle Energie, und nur das Licht des Bewusstseins kann sie auflösen. Wenn Licht in einen dunklen Raum fällt, ist die Dunkelheit sofort verschwunden. Wisse, dass Dunkelheit als solche keine Existenz hat, sie ist immer nur ein Zeichen für die Abwesenheit von Licht.

Auch Angst als solche hat keine Existenz, hier zeigt sich lediglich die Abwesenheit von Bewusstheit.

Je weiter und wacher dein Bewusstsein, desto mehr werden sich Ängste auflösen können. Also übe dich beständig darin, wach und bewusst zu sein, beobachte, nimm wahr, spüre dich in jedem Augenblick. Dann wirst du die Angst vielleicht noch wahrnehmen, aber sie wird dir keine Angst mehr machen!

Das, was dich oft herunterzieht und dich schwächt, ist die Angst vor der Angst.

ICH BIN bei dir!

Dies möge dir Zuversicht und Vertrauen geben.

Auch wenn du meine Stimme nicht hörst, so sprich trotzdem mit mir, denn ich höre dich und bin immer für dich da.

Sei gesegnet und gehe mit Gott!

*L*ebe und liebe!
Gedanken hast du dir schon unendlich viele gemacht, jetzt lasse den Verstand einmal ruhen und spüre nur das Leben in dir und tauche ganz darin ein.

Das wird dir das Gefühl der Präsenz, der Echtheit und der Tiefe zurückgeben.

*D*u beklagst, dass sich im Augenblick wenig bewegt, und willst etwas dagegen tun? Doch was ist daran schlecht, und warum könnt ihr es so schwer aushalten, wenn ihr das Gefühl habt, dass sich nichts bewege?

Es bewegt sich immer etwas!

Oftmals sind gerade die Ruhephasen ausgesprochen wichtig und nützlich, denn dann wird auf inneren Ebenen gearbeitet, und dort verändert sich sehr viel, von dem ihr nichts bemerkt, jedenfalls vorerst nicht.

Vielleicht seid ihr noch nicht bereit für die äußere Veränderung, die ihr euch wünscht, denn vor diesem äußeren Schritt steht ein innerer Prozess an, den auch du momentan durchläufst.

Weißt du, was du in diesem Prozess lernen kannst?

Es sind Geduld, Liebe, Nachsicht mit dir selbst und Hingabe an die Weisheit der göttlichen Quelle in dir!

Plage dich nicht mit innerer Negativität, sondern nimm das, was ist, in Liebe an und erfreue dich an deinem Da-Sein!

Übung

Nimm dir abends einige Minuten Zeit und frage dich, wann du an diesem Tag dir selbst etwas Gutes getan hast.

Wann hast du dich wohlgefühlt, warst zufrieden und hast dich selbst geachtet und geliebt?

Bist du deiner Seele gefolgt? Hast du die kleinen Impulse des Herzens wahrgenommen und die Inspirationen in die Tat umgesetzt?

Verurteile dich nicht, wenn es nicht so war!

Liebe dich und sei nachsichtig mit dir!

*D*u kannst nichts für die Erlösung *tun*, doch kannst du dich viel freier fühlen, wenn du beständig übst, im Hier und Jetzt zu sein und *keine Widerstände* aufzubauen.
Erinnere dich immer wieder daran:

ICH BIN jetzt da!
Ich nehme alles, was jetzt ist, in Liebe an!
ICH BIN.
ICH BIN mir bewusst, dass ICH BIN.

*E*s werden Menschen gebraucht, die nicht abgehoben sind, die nicht trennen in „spirituell" und „nicht spirituell", sondern die gerade die Spiritualität in den Alltag bringen und so beides zu einem Ganzen harmonisch verbinden.

Hier kannst du wirken und anderen dabei helfen, dies leicht und in Liebe zu bewerkstelligen.

Indem du vollständig das Jetzt akzeptierst, gibst du Gott in dir die Möglichkeit, dir klare innere Weisung zu erteilen und durch dich hindurchzuscheinen.

Baust du Widerstände auf, dann behinderst du den Fluss der reinen göttlichen Energie, und es entstehen Zweifel, Ängste, Unklarheit, Trägheit und Schwäche.

Nimm einfach wahr, was ist, und bewerte es nicht mit dem Verstand, denn er weiß nichts über den höchsten Geist, nichts über das Herz und nichts über Gottes Sprache.

Wenn du dich verletzt fühlst, ist es dein unerlöstes Selbst, dein Ego, welches gekränkt ist und innerlich aufbegehrt.

Innere Ruhe

Mein innig geliebtes Sternenkind, wenn Schwierigkeiten auftauchen oder du nicht weißt, was du tun sollst, dann beruhige deine Seele und versuche, dich wieder in deinem göttlichen Kern zu zentrieren. Nur so kann der Aufruhr sich legen und die „geistigen Fäden" neu gesponnen werden, um dadurch eine neue Situation zu erschaffen.

Angst und inneres Chaos erzeugen auch äußeres Chaos und schwierige Umstände. Innere Ruhe und Gelassenheit lassen sich auch im Außen die Angelegenheiten klären und lösen.

Du magst sagen, wie soll ich denn ruhig sein, wenn die Umstände so und so sind oder dies und das auf mich zukommt? Doch darfst du nicht die Ursache mit der Wirkung verwechseln.

Jetzt ist es so, dass du auf das, was außen ist, reagierst und dich somit als Opfer der Umstände betrachtest. Wenn du deinen Blickwinkel veränderst, kannst du erkennen, dass die äußeren Umstände Folge deines Denkens und Fühlens sind, was aber auch bedeutet, dass du agieren und Dinge verändern kannst!

Ich kann dir nicht sagen, tue dies, tue das, dies ist nicht unsere Aufgabe und würde dir auch nicht wirklich helfen. Ich kann dich aber trösten und dir sagen, dass sich selbst die größten Schwierigkeiten auch im allerletzten Augenblick noch zum Guten wenden können!

Wichtig sind deine innere Haltung und dein Vertrauen. Erinnere dich, dass für Gott alles möglich ist! Erinnere dich, dass in jedem Moment „Wunder" geschehen können! Erinnere dich, dass du die Macht hast, jetzt die unsichtbaren „Fäden" so zu verändern, dass es sich zum Besseren regelt.

Angst, Sorge und Panik sind schlechte Ratgeber, sie verwirren den Geist und machen dich schwach und hilflos. So nimm Zuflucht zur göttlichen Quelle in dir und gehe in eine höhere Schwingung. Bete, singe, sprich Mantras oder heilige Texte und konzentriere dich auf das Licht. Mache dir bewusst, dass sich alles wunderbar lösen kann, dass du in Gott geborgen bist und ER immer bestens für dich sorgt.

Wenn du glaubst, dass du alleine dastehst, dass du alles alleine bewältigen musst, dass du von Gott und der Welt verlassen bist, dann wird es für dich genau so sein.

Aber du bist nicht allein! Du brauchst nichts alleine zu bewältigen! So lasse los und übergib Gott die Angelegenheit, wenn es dir zu schwer ist! ER wird es für dich tragen. Vertraue IHM! Wer sonst könnte alles Übel auflösen?

*G*ott hat nichts an dir auszusetzen!
Er liebt dich so und möchte dich nicht anders haben, als du jetzt bist!
Du bist jetzt vollkommen angenommen von IHM.

ICH BIN das Tiefste in dir.
ICH BIN die Quelle. aus der dein Leben sich speist.
ICH BIN die Liebe, die du bist!

Die Blüte öffnet sich

Meine Liebe ist immer mit dir und in dir!

Du bist wie eine Blume, die sich der Sonne zuwendet, um ihre Blüte ganz öffnen zu können. Noch ist sie nicht vollständig geöffnet, und die Schwierigkeiten, die du spürst, sind Zeichen des Sich-immer-mehr-Öffnens, also Klärungs- und Reinigungsprozesse, oder wenn du so willst, Zeichen der Ausweitung des Geistes und größerer Bewusstwerdung.

Was du manchmal spürst, ist ein reinigendes Feuer, welches alte Schlacken verbrennt und auch den physischen Körper für feinere Schwingungen bereit macht.

So bitte ich dich, ruhig und gelassen zu bleiben, nichts zu verurteilen oder abzulehnen, sondern alles so anzunehmen, wie es ist, in der Gewissheit, dass es ein vorübergehender Prozess ist, der nötig ist, um ans Ziel zu gelangen.

Mache dir immer wieder klar, dass du nicht der Körper bist!

Du bist reines, klares, höchstes Bewusstsein, Ist-Heit, Liebe und Licht!

Das bist du in Wahrheit, und somit bist du eins mit allem, was ist, denn auch alles „andere" ist nichts als Liebe und Licht!

ICH BIN bei dir, mein über alles geliebtes Kind des Höchsten, ich halte deine Hand, wo immer du bist, was immer du tust, wann immer du es zulässt.

Die dunklen Wegstrecken sind oft schwer durchzustehen, doch sieh das Licht am Horizont und wisse, dass, wenn du offen bist und es zulässt, viel Veränderung und Wandel geschehen kann, in dir, durch dich und in deiner äußeren Welt.

Verliere nicht die Zuversicht, denn Gott ist immer mit dir und wird dir durch alle Schwierigkeiten hindurchhelfen, das ist gewiss!

Nimm meinen Segen mit auf den Weg und lasse dich von meiner innigen Liebe berühren.

Du trägst so viel Licht in deinem Herzen, möge es noch vielen Menschen Freude und Segen bringen!

Wegweiser für das Jahr 2008

(im Dezember 2007)

Meine innig geliebten, göttlichen Geschwister, ich umarme euch und freue mich, bei euch zu sein!

Spürt jetzt meine Gegenwart und meine Energie, die ihr eingeladen habt. Hättet ihr mich nicht eingeladen und dies so gewählt, könnte ich jetzt nicht zu euch sprechen und mit euch sein.

Ich habe euch versprochen, euch auch für das kommende irdische Jahr eine Botschaft zu übermitteln, und dies will ich jetzt gerne tun.

Das Wichtigste zu Beginn: Die neue Zeit *ist* bereits!

So werde ich euch nicht sagen, was ihr in dem neuen Jahr verändern, verbessern oder bearbeiten sollt, sondern ich will euch wieder einmal daran erinnern, dass *alles bereits ist! Dass ihr alles, was ihr zu erreichen wünscht, bereits in euch tragt!*

Somit ist eine Forderung der neuen Energie, all das aus euch fließen zu lassen, was bereits da ist! All eure Fähigkeiten in die Welt zu geben, all euer Potenzial einzusetzen und *aufzuhören, euch selbst zu beschränken!*

Das neue Jahr ist das Jahr 2008, schon aus dieser Zahl erseht ihr den Beginn einer neuen Zeitepoche, welcher bereits stattgefunden hat, denn die Quersumme ist 10, und mit der 9, der Zahl des Jahres 2007, wird ein Zyklus beendet, und mit der 10 beginnt ein neuer auf einer höheren Ebene, denn es zeigt sich die 1, der Anfang, in dem alles enthalten ist, in Verbindung mit der 0, welche die 1 erhöht und intensiviert.

So könnt ihr jetzt wirklich in ein neues, freies Leben eintreten, wenn ihr euch dazu entschließt und es euch *erlaubt*.

Habt ihr euch seither immer noch von eurem Ego, eurem Verstand gängeln und kleinhalten lassen, so könnt ihr jetzt erkennen, dass ihr viel, viel mehr seid als das, wofür ihr euch bislang gehalten habt. Dass ihr viel mehr könnt, dass ihr weise seid und wahrhaft mächtig!

Immer wieder höre ich von euch Fragen über Fragen, die alle denselben Hintergrund haben: Angst und Unwissenheit. Diese Fragen entstammen eurem Ego-Selbst, welches nicht erkennen kann, wie groß ihr seid, wie mächtig, wie weise, wie wunderbar und vollkommen. Bisher war der Verstand der Herrscher in euch, und ihr habt euch in dieser Beziehung ganz häuslich eingerichtet, obwohl sie euch soviel Schmerz und Ungemach bereitet.

Aus dieser abhängigen Beziehung führt ein direkter Weg heraus: der Weg der Erkenntnis, oder wenn ihr so wollt, der Weg des Herzenslichtes.

Viele von euch spüren jetzt in dieser neuen Energie manchmal ganz deutlich das Feuer in ihrer Brust, das Feuer der Erkenntnis, welches alte Glaubenssätze und Überzeugungen, alte Muster und Blockaden wegbrennt, damit die neue Energie frei fließen kann.

Das Feuer der Seele brennt hell bei denen, die sich geöffnet und kundgetan haben, dass sie bereit sind, ihre eigenen Grenzen zu sprengen und die dunklen Schleier, die sie bisther mit sich getragen haben, aufzulösen.

Erkennt, dass ihr göttliche Wesen seid!

Erkennt, dass ihr bereits alles in euch tragt, was ihr euch jemals erträumt, erhofft oder gewünscht habt!

Erkennt, dass ihr vollkommen seid! Erkennt euch selbst! Erkennt, dass ihr nicht dies oder das seid, sei es arm oder reich, krank oder gesund, glücklich oder unglücklich – sondern dass ihr einfach *seid*!

Du bist! Das ist die höchste Wahrheit, die du erkennen kannst.

Somit ist alles Ringen um „Verbesserung" ein Spiel des Egos, welches dir einzureden versucht, dass du eben noch nicht vollkommen seiest, dass es etwas zu verbessern gebe, dass du erst noch dies oder das bearbeiten, auflösen oder heilen müsstest. Doch du bist weder schlecht noch unvollkommen noch heilungsbedürftig. Du bist höchstes Sein, du bist das – genau hier und genau jetzt!

Alles, was du tust, um dich zu verändern, zu verbessern, zu vervollkommnen, geschieht aus einem Bewusstsein des Mangels, des Ungeliebtseins, der Schwäche, aus Unwissenheit oder aus einem Gefühl der Angst heraus. Hierbei ist dein Ego-Ich aktiv, es hat nichts mit deinem wahren Selbst zu tun, welches in dir ruht, einfach nur *ist*, grenzenlos, außerhalb von Zeit und Raum, frei von Bedingungen und Abhängigkeiten.

Es gibt einen leichten Weg, zu erkennen, was in dir abläuft: Schau einfach nach außen und sieh, was um dich herum, was in deinen Beziehungen, in deinem Alltag, in deinem Beruf passiert! All das bist du! Es kann niemals etwas zu dir kommen, was nichts mit dir zu tun hätte, wozu du keine Resonanz hast. Die äußere Welt ist deine Projektionsfläche, damit du dir anschauen kannst, was *in dir* ist.

Erkenne, dass also auch niemand und nichts über dich Macht hat, wenn du ihm nicht diese Macht in dir gibst. *In dir* geschieht das, durch dein Bewusstsein, durch deine Bewertung, durch deinen Verstand. Du glaubst, es gäbe irgendwelche „bösen Geister", die dir das Leben schwer machen oder dir schaden wollen, doch diese „bösen Geister" haben keine eigene Existenz. Es sind deine eigenen Kreationen, die aus deinen negativen Gedanken und Gefühlen entstehen!

Du lässt dich manipulieren, unterordnen, siehst dich als Opfer, doch ich sage dir: In Wahrheit hat nichts und niemand Macht über dich. Du bist kein Opfer, aber dein Ego macht dir weis, du seiest eines.

In Wahrheit wählst immer du selbst, welche Rolle du spielen willst. Du bestimmst, wem oder was du Macht gibst, wie dein Spiel aussehen soll. Warum spielst du nicht die Rolle, die dir zusteht und angemessen ist: die eines himmlischen Herrschers, einer Königin, eines machtvollen Lichtwesens, das du bist?

Ich erinnere dich: Die neue Energie ist bereits! So fließe mit ihr mit, öffne dich und lasse deine Ängste endgültig los!

Die „dunklen Wesenheiten", die viele von euch fürchten und von denen sie sich beeinflusst fühlen, sind „selbstgebacken". Es sind die dunklen Energien eurer eigenen Zweifel, Ängste, negativen Gedanken und Gefühle.

Wendest du dich voller Vertrauen und in Liebe deinem wahren Wesen zu und schenkst den Einflüsterungen deines Egos keinen Glauben mehr, dann kann dieses göttliche Feuer hell aufflackern, alle noch verbliebenen Unreinheiten verbrennen, und du wirst durchscheinend für das strahlende Licht deiner göttlichen Seele.

In der neuen Energie ist es dir möglich, all das zu offenbaren, was du schon immer wolltest, denn wisse: Es ist bereits! Alles ist! Du brauchst es nur noch in die sichtbare Welt der Form zu bringen, damit es auch für die menschlichen Augen sichtbar und erfahrbar wird.

So nutze die neue Zeit mit ihrer großen Kraft und setze deine Fähigkeiten zum Wohle des Ganzen ein. Wisse, dass alles, was du tust, alles, was du erschaffst, alles, was du in die sichtbare Welt bringst, nun aus dieser höheren Energie entsteht und somit Licht und Segen für das Ganze in sich trägt.

Halte dich nicht bei zweifelnden Gedanken auf, entlasse auch die dir zutiefst vertrauten Ängste, die dich seit jeher begleitet haben, und sei endlich frei! All diesen Ballast brauchst du jetzt nicht mehr, du kannst dich jetzt frei entfalten und darfst das sein, was du bist. Sei einfach du selbst, das ist alles!

Meine geliebten Lichtgeschwister, ICH BIN immer bei euch und in euch. Alles ist gut!

Schlusswort

ICH BIN Hilarion, ein Meister der Liebe, des Lichtes und der Wahrheit.

Ich begleite dich an jedem Tag auf Erden, wir sind niemals getrennt. Das, was uns zutiefst verbindet, sind die grenzenlose Liebe des Höchsten und das strahlende Licht der Einheit.

Du hast nun die Schwingung dieses Buches aufgenommen und wirken lassen können, damit hast du dein Bewusstsein angehoben und schwingst jetzt auf einer höheren, feineren Ebene, die es dir ermöglichen wird, all das Gute, das Wunderbare, das in dir ist, immer mehr und klarer auszustrahlen und in deiner Alltagswelt zu manifestieren.

Du hast ein großes Herz, und du hast bereits viel Stärke, Mut und Entschlossenheit bewiesen. Du bist schon einen langen Weg gegangen, und ich möchte dir dafür danken in tiefer Demut, voller Hochachtung und Freude!

Du bist ein unverzichtbarer Teil des großen Ganzen, der unteilbaren Einheit!

Wisse, dass die Liebe jetzt fest in deinem Herzen verankert ist und dass sie dich auf deinem weiteren Weg leiten und reich beschenken wird!

Nimm jetzt meinen Segen entgegen und lasse dich erfüllen von grenzenloser Liebe, strahlendem Licht und überschäumender Freude!

Meister Hilarion

Weitere Werke
von Meister Hilarion
im ch. falk-verlag

Licht-Botschaften des
Aufgestiegenen Meisters Hilarion
ISBN 978-3-89568-116-5

Neue Lichtbotschaften –
Gespräche mit Meister Hilarion
ISBN 978-3-89568-138-7

Meister Hilarion beantwortet Lebensfragen
ISBN 978-3-89568-161-5

Empfohlene Bücher anderer Meister und Engel im ch. falk-verlag

Meister El Morya:

Herzens-Bildung, Bd. 1 und 2
ISBN 978-3-89568-146-2 und 978-3-89568-179-0
Juwelen
ISBN 978-3-89568-147-9
Das Lehrerbuch: über das gewaltfreie Unterrichten
ISBN 978-3-89568-159-2

Meister Konfuzius & Meister Kuthumi:

2012 Der Aufstieg der Erde in die fünfte Dimension
ISBN 978-3-89568-109-7
Die Seele in den Meisterjahren
ISBN 978-3-89568-127-1
Ohne Ticket in andere Dimensionen
ISBN 978-3-89568-158-5
Reise zum Seelenpartner – CD
ISBN 978-3-89568-122-6
Christuspräsenz und Allmacht – CD
ISBN 978-3-89568-131-8
Lichtsäulen-Clearing – CD
ISBN 978-3-89568-157-8
Die Krönung – CD
ISBN 978-3-89568-174-5

Meister Saint Germain:

Das Tor zum goldenen Zeitalter
ISBN 978-3-89568-135-6
Das Tor zur körperlichen Transformation
ISBN 978-3-89568-137-0
Das Tor zur partnerschaftlichen Liebe
ISBN 978-3-89568-145-5
Die Schlüssel fürs Tor zum goldenen Zeitalter
ISBN 978-3-89568-177-6
Die neuen Wege der Liebe – CD
ISBN 978-3-89568-163-9
Das Tor der Gnade – CD
ISBN 978-3-89568-169-1

Lord und Lady Meru:

Werkzeuge der Schöpfung
ISBN 978-3-89568-134-2

Lady Master Guinevere:

Briefe an dich von Lady Master Guinevere
ISBN 978-3-89568-176-9

Engel:

Erzengel Raffael spricht
ISBN 978-3-89568-155-4
Erzengel Raffael spricht – CD
ISBN 978-3-89568-156-1
Im Herzenstempel. Erzengel Raffael spricht – CD
ISBN 978-3-89568-168-4
Erzengel Jophiel spricht – Buch mit CD
ISBN 978-3-89568-162-2

Bleakley-Thießen, Die Lehren der Engel
ISBN 978-3-89568-076-2

Emanuel: Mein Friede, er geht an deiner Seite
ISBN 978-3-89568-002-1

Emanuel: Die Sieben Schlüssel zur Freiheit
ISBN 978-3-89568-026-7

Melchers, Meditation an der Lichtpyramide
Best. Nr. 2024

Melchers, Meditation an der Lichtpyramide, Bd. 2
ISBN 978-3-89568-136-3

Mildenberger, Die Seele des Menschen – Seelenmeridiane
ISBN 978-3-89568-087-8

Müller, Das Schutzengelbuch
ISBN 978-3-89568-050-2

Solara, Dein Sonnenengel
ISBN 978-3-924161-52-1

Solara, An die Sterngeborenen
ISBN 978-3-924161-55-2

Metatron: Dein Engel und du
ISBN 978-3-924161-22-4

Bouché, Angel Flowers – CD
ISBN 978-3-89568-111-0

Curs-Lindner, Heilende Seelensterne – Spiel
ISBN 978-3-89568-166-0

Czajkowski, Mit Engeln spielen – Spiel
ISBN 978-3-89568-014-4

Zera An, 11:11 Engelkarten – Spiel
ISBN 978-3-924161-64-4